"A l'atzar [illegible]
dons; ha[illegible],
de classe baixa i nació
oprimida; i el tèrbol
atzur de ser TRES
VOLTES REBEL..."

Maria Mercè Marçal

...perquè no oblidis
que tu també ets tres
voltes rebel!

Miquel

# Llengua abolida

labutxaca

www.labutxaca.cat
info@labutxaca.cat

Maria-Mercè Marçal

# Llengua abolida

## Poesia completa
## 1973-1998

Edició de Jordi Cornudella

labutxaca
Barcelona

Primera edició en aquest segell: març del 2017

labutxaca

Fotocomposició: Víctor Igual, s.l.
Impressió: Liberdúplex
DIPÒSIT LEGAL: B. 1.354-2017
ISBN: 978-84-9930-898-2

# TAULA

## ÍNDEXS

# NOTA PRELIMINAR

Aquest volum recull tota la poesia de Maria-Mercè Marçal publicada fins ara: a la primera part, els sis llibres que ella mateixa va aplegar el 1989 a *Llengua abolida (1973-1988)* i, a la segona, el recull pòstum que va aparèixer el 2000, en edició de Lluïsa Julià, amb el títol *Raó del cos*. Però no és simplement una reimpressió dels textos inclosos a *Llengua abolida* i a *Raó del cos*.

*Llengua abolida (1973-1988)* contenia, revisats i en algun cas ampliats per l'autora, els llibres previs *Cau de llunes* (1977), *Bruixa de dol* (1979), *Sal oberta* (1982), *Terra de Mai* (1982) i *La germana, l'estrangera* (1985), amb l'afegitó d'una secció de poemes esparsos de 1980-1982, «Escarsers», i d'un últim llibre aleshores inèdit, *Desglaç*. De *Bruixa de dol*, *Sal oberta*, *La germana, l'estrangera* i *Desglaç* l'autora encara en va donar una edició posterior, basada en tots els casos en la de *Llengua abolida* però no sempre del tot idèntica. Hem tingut a la vista totes les edicions de cadascun dels llibres a l'hora de fixar el text que finalment s'imprimeix en aquest volum d'ara.

Pel cantó de la poesia pòstuma, la lectura de *Raó del cos* es pot beneficiar, avui, dels poemes i esbossos que Maria-Mercè Marçal va incloure al dietari dels seus últims anys, publicat el 2014 a *El senyal de la pèrdua*. Ho hem tingut en compte, i hem consultat també les publicacions prèvies, en miscel·lànies i revistes, d'algun dels poemes del recull.

De les variants que presenten les diverses edicions (col·lacionades per Agnès Prats amb una diligència digna d'agrair) i de les raons per les quals, en cas de dubte, ens hem decantat per una opció determinada, en deixem constància en la «Justificació editorial» que, juntament amb els índexs, completa aquest volum.

És d'estricta justícia consignar en aquest lloc que el procés d'edició i de publicació de la poesia completa de Maria-Mercè Marçal, que s'ha allargat molt més del compte, no hauria estat possible sense l'ajuda, la confiança i la paciència de Fina Birulés i Heura Marçal. No puc sinó donar-los-en vivíssimament les gràcies.

JORDI CORNUDELLA
Desembre 2016

# I

# LLENGUA ABOLIDA
(1973-1988)

# SOTA EL SIGNE DEL DRAC

Dotze anys s'han escolat des de la publicació de *Cau de llunes*, el meu primer llibre, fins a la de *Desglaç*, recull inèdit que tanca el present volum. Tinc la sensació, en donar-ho, ara, tot plegat a la llum, de deixar enrere un cicle complet —on vida i poesia fan la trena, indestriables— obert i clos sota el signe del Drac.

M'agrada especialment aquest animal mític que, si faig cas a vells oracles orientals, va vetllar també el meu naixement. I assumeixo les connotacions especials que pren en un país on cada any, puntualment, un sant Jordi ritual s'encarrega de fer emmudir la seva boca àvida de donzelles esporuguides —addictes per sempre més, des d'aleshores, i sotmeses a l'imperi protector, a l'ombra de la llança. Drac mut, llengua estroncada que se sap supervivent, encara, mentre la ferida adolli. Donzella esmorteïda, colonitzada i sense llengua. Dues cares de la moneda on es congria el meu —el nostre— passat. ¿Què deu ser la poesia sinó el mirall que em fa retornar un i altre cop a aquest escenari i, alhora, l'intent també reiterat d'arrencar-me'n, amb els mots, i confegir-me un espai propi, una cambra pròpia? Des de *Cau de llunes* a *Desglaç* aquest és el ball d'ombres i màscares que les paraules *re-presenten, juguen* o es juguen. Quasi sense entreactes. I sense treva: clOs i/o Solc.

*Cau de llunes* s'inicia amb una divisa que he repetit fins a l'excés i que ara, també, subscric. Tres dades inicials —ésser dona, de classe baixa, de nació oprimida—, en principi no triades, es converteixen, a través d'un agraïment quasi irònic, en conscients i assumides: una arrel ferida que s'arbra, però, en una triple rebel·lió. La lluna serà en aquest llibre i en els immediatament posteriors imatge privilegiada, recurrent i obsessiva, punt de referència lluminós alhora utòpic i atàvic, amb la subversió en pantalla del seu significat tradicionalment subordinat: «Hi havia una vegada, quan la lluna tenia llum pròpia...» podria ser el començament d'un conte que, com tots, no té una localització en el temps, sinó fora del temps. La tensió entre el jo poètic, la lluna i l'ombra —llast, zona no explorada, incontrolable, fat, lloc de la subjecció i dels fantasmes paralitzadors— és l'esquema triangular bàsic que, com el poema xinès «Petita festa» que traduí Marià Manent, remet sempre, en la lluita o en el festí, a la pròpia solitud. Aquestes imatges clau, explícites en alguns poemes, latents en el conjunt, es matisaran, es perfilaran, s'ampliaran o s'aprimaran, s'enriquiran o es despullaran, però mantindran la seva nitidesa fins al meu cinquè llibre, *La germana, l'estrangera*, que inclou també el meu quart recull, *Terra de Mai*. I, fent rogle al seu voltant, la bruixa-drac, la sal —«Sal oberta a la nafra, que no es tanqui...»—, el nom, el cíclic bateig de sang: baules d'una cadena que genera el rovell que l'ha de trencar.

*La germana, l'estrangera* reflecteix la crisi de l'esquema jo-lluna-ombra, que temptava la *construcció* d'una identitat des del cor mateix del conflicte —des de l'herència i contra l'herència, des d'uns arquetips mítics i contra l'arquetip: una identitat *de dona*, enllà i ençà del femení que confina amb tornaveu de fat. Foc i aigua, amfibi estrany, aranya que teixeix un pont del peix a l'ocell, en bosc marí o en illa de muntanya. A través de l'amor, la passió, el desamor, la maternitat en esqueix, i de la solitud sense sabates.

*Terra de Mai*, com indica el seu nom, representa una instantània —i fal·laç— consecució de la *utopia*. Tot límit s'esborra, tota brida cau, tot és un daltabaix de sal oberta... La lluna, de cop abastable, encegadora, mostra tot seguit la seva cara obscura. *La germana, l'estrangera* inicia un cos a cos amb l'ombra. La lluna hi serà ara l'*absent*, només present a través de l'enyor. La lluna, ben entès, com a imatge plena, amb llum pròpia. Hi ha, en canvi, omnipresent, una altra lluna, en la seva accepció més buida: la del mirall que reflecteix. I allò que el mirall reflecteix, com la *hydra*, petrifica. Pel mirall desfilen imatges que desafien la fragilitat del jo i li imposen el propi caos: l'assassí, pel mirall sense fons, la infanticida pel mirall del fons, la impostora, la culpable, la pròfuga, la mare, la filla, l'amant, la germana, l'estrangera. Ombra i sang. Sang, però presa —robada, presonera, quallada. Set incendiada, absència esdevinguda fòssil.

El mirall, de fet, obliga a mirar-se, i, en veure's, veure allò que darrere nostre ens és llast i gep i feix. La lluna, plena, massissa, es balma en apropar-se del seu contingut mític i màgic. És només vidre i mur; no és tampoc un mirall d'aigua, és impenetrable. La ferida, la sang, imatge bàsica del recull, testifica l'intent inútil de traspassar el llindar cap a l'altra banda.

Aquest és el punt de partida de *Desglaç*. L'hora del desglaç és una hora dolorosa però oberta. Hi ha una mort. Desapareix la carcassa que immobilitza, però que també sustenta, el sòlid dóna pas al líquid, els contorns es fonen. La dicció hi és tanmateix continguda. Escriure, com un intent, encara, de donar forma a l'informe, d'*ordenar* l'embat. La desintegració aparent és també la possibilitat de fluir. Enllà queda la rigidesa, l'encarcarament, els moviments d'autòmata, la repetició compulsiva i mecànica dels gestos. Camí fluid, de nou sense esquemes ni pautes, que és alhora camí de retorn, de reveure, de retrobar, de reidentificar, de reanomenar, de refer-se.

Aquest procés iniciat ja al final de *La germana, l'estrangera* té com a principals desencadenants i catalitzadors dos temes o tal volta pre-textos, que alhora li donen cos i que, a més, tendeixen a confondre's en els poemes: la mort del pare —real i/o simbòlica— i l'amor, que fa aparèixer en el mirall, sencer o trencat, l'ombra de *l'altra* dona. Camí sembrat d'espectres —¿quins vells crims?, ¿quines velles culpes oblidades?—, ombres cosides a l'esquena de la transgressió, entre les quals destaca la més amenaçadora, que pren la forma d'un ocell de presa, immòbil o sobrevolant l'escena. Ombra rapaç, falcó, esparver reial: vigilant, jutge, castigador o exculpador, la seva absència pot ésser més inquietant que la seva presència visible. A l'altre extrem, la imatge del petit ocell bategant —el no-nat lorquià de *Yerma*. El fetus, potser, com a habitant d'un recer que implica la innocència i com a gresol de totes les possibilitats inèdites. Passar la porta és enfrontar-se a la culpa, és encarar totes les possibilitats mutilades. Potser el *Desglaç* consisteix en re-nàixer, encara una volta, en l'embolcall líquid de l'esglai.

A part d'aquest darrer llibre, inèdit a excepció d'alguns poemes apareguts en revistes, molt poca cosa he agregat al que fins ara ha estat la meva obra publicada. Algun petit afegitó en diversos llibres i una breu secció d'esparsos tenen la virtut, potser, de matisar alguns temes, d'ampliar-ne l'abast o d'insinuar-ne algun de nou... Esbossos i poemes inacabats s'han quedat, encara, al calaix, qui sap si per a ser represos més endavant, o potser només com a serramostre obsolet, pell morta d'aquests anys. No sabria renunciar a res del que aquí es publica i, menys, a aquesta impuresa radical que li encomanen els fets viscuts, a sang, sovint, a contra-llei.

Si bé vull dedicar *Llengua abolida*, així, sense paraules, a la memòria del meu pare, perquè ell fou qui, paradoxalment, m'obrí portes que em durien a qüestionar la *seva* llei, vull també oferir-nos-el a nosaltres, les dones que estimo —i en especial a la meva filla Heura: set anys sencers, per creure en el prodigi!... I a totes i a tots els companys capaços de convocar els indicis d'una llengua abolida.

MARIA-MERCÈ MARÇAL
Gener de 1989

*A Antoni Marçal,*
*amb memòria viva*

*Reclam, indicis*
*d'una llengua abolida*
*—parla de dona.*

# CAU DE LLUNES

(1973-1976)

## SEXTINA A MARIA-MERCÈ MARÇAL EN LA PUBLICACIÓ DEL SEU PRIMER LLIBRE

*Ningú no traçaria el vol dels llibres*
*o el fil de vent que avui esfulla els arbres,*
*es perden les parets dessota l'aigua*
*i ets tu la timonera de les lletres*
*—fruit de bon pom a la rodona barca*
*i en el tinter la cendra de la lluita.*

*S'escriu a les arrels la nostra lluita*
*que amaga les escales en els llibres;*
*toques vidre i no es trenca, i mar i barca*
*obren bandera a tota mena d'arbres;*
*forces i coses escabellen lletres*
*i l'enemic fa reixes dintre l'aigua.*

*Raja la sang, avui el vel de l'aigua*
*uneix camins al centre de la lluita.*
*Les flors dels teus poemes són les lletres,*
*i els mots les plantes que al jardí dels llibres*
*van marcant l'endurança i formen arbres.*
*Fumes herbes a proa de la barca.*

*Se'n van a cau les llunes a la barca*
*i la llum mulla, més enllà de l'aigua,*
*les dents mestresses d'un boscatge d'arbres*
*que armen la festa amb verds i grocs en lluita.*
*Para alta la claror, llibre de llibres,*
*i a rem i a vela van passant les lletres.*

*S'aixeca fum dels nombres i les lletres,*
*dic que, aquest llibre, el veig com una barca,*
*ben blau damunt el fosc de tants de llibres,*
*i qui el llegeixi sentirà que l'aigua*
*serà flama mullada per la lluita*
*que obrirà una portella al tronc dels arbres.*

*Alta la testa, pentinats els arbres,*
*pengen de la claror un seguit de lletres;*
*el pes corba llur foc a punt de lluita,*
*fulguren els fanals del Mot o barca*
*que arriba noblement d'una gran aigua*
*mentre la lluna roda al blanc dels llibres.*

*S'estripen llibres entremig dels arbres*
*i es cull a l'aigua un gavadal de lletres:*
*doni vent a la barca aquesta lluita!*

JOAN BROSSA
*Solstici d'hivern de 1976*

*A Ramon Pinyol, en penyora*
*d'un paisatge comú.*

Els meus trasbalsaments els duu la lluna.

JOAN BROSSA

## DIVISA

A l’atzar agraeixo tres dons: haver nascut dona,
de classe baixa i nació oprimida.

I el tèrbol atzur de ser tres voltes rebel.

# I
# NÚVOLS AMB CORC

Llir entre cards, dintre mi porte un forn
coent un pa d'una dolça sabor,
i aquell mateix sent de gran amargor.

AUSIÀS MARCH

Si ens besem pels carrers
trontollaran les cases.

MIQUEL MARTÍ I POL

La cortina crema
vidres, neguit.

Freu de mitjanit.

A fora els cucs
rauen la lluna.

Toquen la una.

Penja d'un arbre
l'amor, escanyada.

El rellotge es para.

Damunt un cel apedaçat
desfem l'amor a l'hora bruna:
al cap del llit ens reflecteix la runa.

# TANIT

En va la pluja malda per apagar les brases
que socarren els núvols. Suara ha travessat
una noia amb les galtes pintades de carmí
i el front de purpurina. L'he vista que enlairava
les mans com si volgués caçar un bri de cosa
i n'ha plegat banderes.
Et miro, ara que parles, Tanit, i em fas pensar
en els salzes de branques feréstegues que feien
escorta al camp del Dimoni —hi anàvem
amb bicicletes i enfilàvem móres
en arestes de blat—, branques esquives.
M'allunyaré de tu, Tanit, fins que el teu cap
no sigui el d'una agulla clavada en un retall
de crepsetí lluent:
la muntanya em rebrà amb braçades de fonoll
—en mastegar-ne un brot oblidaré els topants—
i la pluja, corser amb brases dins els ulls,
s'afuarà a ponent.

## CARPE DIEM

Llavors trencà la lluna una baula de la nit
i copsàreu el dia com un fruit. Se us fonia
la polpa entre les cuixes —m'ho contaves
sota el til·ler que feia vint-i-quatre.
Les rels xuclen el cor de cada cosa,
sota boires arnades i núvols amb corc.
Sacso el gobelet: els daus surten en blanc.

Encara que mil molles de melangia ballin
mogudes per fils tristos de pluja sense solc,
amor, ara et convoco, vol clar de voliana:
surt del celler on l'oratge ha reclòs el teu vi.
Que el llevant esbarriï un polsim de revetlla!
Plana damunt els núvols amb les ales del maig!
Acosta la teva ombra amb seguici de cintes,
al cel posa-hi domassos, estrelles als terrats!
I duu-nos en carrossa un sol vell amb copalta
i un doll de serpentines que amanti tot el món.

Avui t'he cercat, amic, entre foscants;
m'he confós en les fulles, i m'he perdut
pel senderol dels verns.

Al braç, un cistell massissat d'ombres i de versos
i un aixolet de marges sortillers.

Un didal d'aigua verda m'ha dut la remor dels teus passos;
un pols de llum negra t'ha escossellada la veu.

I a cada revolt hi eres tu, i jo cavalcava un destrer de neulia;
i a cada recolze una lluna, i tu cavalcaves el sol.

Veig treure'm, llavors, el vestit de vilera
i a la teva pell vaig escriure l'avui i el demà.

Tot era una selva de paraules
i era tot una paraula embullada entre arços gegants.

Dansaven entorn les pinyes i les glans s'irisaven,
quan ens sorprengué la remota tremolor d'una vall vidrera.

# II
# ATZEITUNÍ

La nit és alta i s'abraça
amb mi —tots sols pels carrers.
BARTOMEU ROSSELLÓ-PÒRCEL

«Vates, crebade as liras!»
. . .
Crebala? Na túa testa
tan sólo, tiranía!
CURROS ENRÍQUEZ

## XERA

### 1

Xopa de roig s'ha esbadellat la platja
Roja d'enyors encastellada xera
Ascles de faig flames de faig ai cendra
    Sota les ones

Nua gitada sobre brases d'aigua
Òliba sóc de bat a bat pupil·la
Contra l'espill esbatanada orbesa
    Far del capvespre

Nua nuada de serpents i vidres
Incandescents amb cassigalls de boira
Braç i turmell suro damunt l'escuma
    Trista sirena

Xopa de cants orba sirena muda
Muda de cants te'm bado sol m'enartes
Nàufrag altiu vaixell salvat de l'ombra
    Blat a les veles

2

Ales encenc roja d'enyors rosella
M'alço del vent lluny de presó d'arestes
Balbes del vent   Al vent les algues lliures
        Dallen les ones

Nada de nou òliba sóc dalt l'arbre
D'algues roents lluiten bruixots i fades
Sento que xiscles al bell cor de l'aigua
        Foc del capvespre

Nada del rou incandescent de xarxes
I teraranys   Jo me'n desfaig   A lloure
Ulls i cabells   La veu han fos les ones
        Vella sirena

Ales de mort muda de cants vençuda
Folla de seny folla cassandra clamo
Cega vident contra el vaixell atàvic
        Sang a les veles

## *Cau de llunes*

*Als meus alumnes*

Amics, si de cop sobte em demanàveu
per què jo sóc aquí, plorant el fàstic
de tothom, cada dia, amb els ulls foscos
del poc-coratge, d'inútil espera
sempre d'allò que no espereu que espera
de vosaltres, que no és pas ortografia...
Ni tampoc —no ho pensésseu, fulles d'alba—
somiava que fos l'alba més neta,
que si és fosca la nit, ha estat tan llarga!
—un pou, el cel, de sang i de silenci—
tan espigats el jull i la cugula
que la lluna més viva és fosca plena!
Al capdavall, amics, si em demanàveu...,
us diria a l'orella la secreta
ràbia que se'm menja l'alegria
i em dóna pas de vella, mans de nàufrag.

*A Layret, 30 novembre 1920*

Vint bales foren, vint bales
ai!, quan trencava la nit!

Dia trenta de novembre,
nit d'hores decapitades!

Vint bales foren, vint bales!

Dia trenta de novembre,
nit sense alba de matí!

Ai, com moria la nit!

Caigué la crossa del poble!
Segaren l'alè de l'aire!

Vint bales foren, vint bales!

Malhaja qui no ho recorda,
vint escorpits al seu pit!

Ai, com sagnava la nit!

## *Cau de llunes*

*A Salvador Seguí*

A vuit de març prenc camí
amb ulls mossegats de pena
        ai, Seguí,
pel carrer de la cadena.

Cans i llops, les dents serrades!
Traïdors, les mans lligades!
Que surto per maleir
i la ira s'acarena
        ai, Seguí,
pel carrer de la cadena.

## MALEDICCIÓ AMB ESTRELLA

*Santiago de Xile, 11 de setembre de 1974*

Cinc punyals
per esbotzar-te les anques!

Cinc claus
per obrir-te el cap!

Llum
perquè beguis oli!

Mal masclí de divendres et cargoli!

## TRADUÏT D'ALCEU

És ara quan ens cal escampar el vi
i empillocar-nos fins que ens fugi el seny,
    que el tirà és mort!

L'esgambi de la mort sento com minva
dessota els arcs florits de gaverneres...
L'esgambi de la mort. Bullen les eres
de vent i de cançó. La por s'estimba.

Arreu, arreu, amara les dreceres
pluja d'ocells irats, esplomats d'armes,
que a rem i a vela van neulint cadenes.

En va contra ells atlants d'acer avancen.
L'estol s'acreix, s'acreix la xiscladissa
i el clam és alt, i tornen roigs els àlbers:
Al cor de l'esperança crema el dia.

# CLOS

# SOLC

Lluna, lluerna
d'atzeituní,
clivella
la nit de cor
de xarol!

# III
# FREGALL D'ESPART

*A Pepa Llopis*

Le cortège des femmes long comme un jour sans pain.

APOLLINAIRE

Drap de la pols, escombra, espolsadors,
plomall, raspall, fregall d'espart, camussa,
sabó de tall, baieta, lleixiu, sorra,
i sabó en pols, blauet, netol, galleda.

Cossi, cubell, i picamatalassos,
esponja, pala de plegar escombraries,
gibrell i cendra, salfumant, capçanes.

Surt el guerrer vers el camp de batalla.

Les xiquetes del meu poble
seuen en cadira baixa
i amb un davantalonet
i un drap tan llarg com un dia
sense pa-amb-xicolata,
si feien punt de cama,
si punt de cadeneta
o punt d'escapulari,
i cantaen allò
de «montañas nevadas».

Les dones del meu poble
de matinet al tros:
adés cullen patates,
adés arrenquen cebes
o aixafaen terrossos
o se'n van a fer herba
per als conills o duien
farinetes als cotxos
o segó a la feram,
o apedacen llençols
o passen agulletes
o suquen pa amb vi i sucre
per con tórnon de costura
les xiquetes del meu poble.

## D'ANTOLOGIA

### IAMBES DE SEMÒNIDES

Diferent va fer un déu el pensament
de la dona, al principi. En va fer una
de la verra de crins gruixudes: tot
a casa seva, en llot, enllaquerat,
sense ordre va, i rodola per terra.
Ella, bruta i amb roba llantiosa,
s'engreixa escarxofada entre deixalles.

Una altra la tragué un déu de l'astuta
guineu, i és una dona que ho sap tot.
Res de bo ni dolent no li escapa.
I, d'una cosa, diu ara que és bona,
ara dolenta. A l'instant l'humor muda.

L'altra ve de la gossa, esparpillada
com sa mare, que tot ho vol sentir
i ho vol saber: fica pertot el nas.
Només barqueja. No lluca ningú
i així i tot borda. No l'atura l'home
amb amenaces, per més que enfurit
d'un cop de roc les dents li faci trossos,
ni si melós li parla, o asseguda
s'està entre estranys. Sinó que s'enderia
a mantenir el seu lladruc inútil.

L'altra els Olímpics pastaren del fang
i feta un nyap la daren al baró.
Res no coneix del bé ni el mal, tal dona.

De feines, només sap la d'endrapar.
I si mala hivernada un déu envia,
tremolosa de fred no li ve al cap
ni de posar el seient més prop del foc.

L'altra, del mar. Té doble pensament.
Un dia la veureu contenta. L'hoste,
contemplant-la, al casal, la lloarà:
«No hi ha dona millor en tot el món
que aquesta, ni més bella». Un altre dia
no pot sofrir que ningú se la miri
ni que li sigui prop, que s'enrabia
esquerpa com la gossa amb els cadells.
Es torna aspra, amb tots malagradosa,
amb els amics i amb aquells que no ho són.
És com la mar que a voltes amansida,
sense perill, una gran alegrança
duu als marins, a la saó d'estiu.
I d'altres enfureix i els arrabassa
amb ones bramejants. Sí, és al mar
a qui més s'assimila en tarannà:
de l'ona té un caient ben inestable.

L'altra d'un ase gris, apallissat:
per força, a penes, i a cop d'amenaces
accepta res. Fins allò que li plau,
li pesa, tot. Mentrestant, a la cambra
tota la nit i tot el dia menja,
i menja, i menja al costat de la llar.
Pel mateix preu, en el seu llit accepta
un venturer qualsevol per parella.

L'altra, de la geneta, que és espècie

vil i roïna. Res no té de bell
ni desitjable. Res de graciós
ni de plaent. Sols es deleix pel llit
d'Afrodita, i fa basques a tot home
que té a la vora! Amagada, rumia
moltes desgràcies per als veïns
i sovint menja ofrenes rebutjades.

Una euga delicada i de crinera
va parir l'altra, que refusa feines
servils i la misèria. No toca
el molí, ni l'erera no maneja.
No llença fora de casa la brossa
ni vora el forn no s'asseu, perquè evita
el sutge: és clar, encaterina l'home!
Dos cops el dia es renta de greixum,
hi ha dies tres, i s'ungeix amb essències.
La cabellera duu sempre quillada,
llarga, tota guarnida de poncelles.
Bell espectacle és per als de fora
i, tanmateix, per a aquell que la té
—si no és rei o tirà poderós,
que amb aquests éssers l'ànim es regalen—,
per a aquell que la té, dic, és un mal.

L'altra ve de la mona. I és ben bé
el pitjor dany que Zeus envià als homes.
Lletgíssima de cara, dona així
travessa la ciutat i és la riota
de tots: curta de coll, baixa; amb prou feines
es mou. És prima, tota desnatjada.
Ai qui abraci un mal d'aquesta mena!
Trucs, els sap tots, i tot escarafall.

És com la mona. Tant li fa que riguin!
Res no vol fer de bo per a ningú:
tot el dia només pensa i barrina
com causarà pitjors estralls als altres.

L'altra, feliç qui l'ha, ve de l'abella.
Sols a aquesta cap blasme no li escau.
Floreix, per ella, i s'allarga la vida.
Estimada envelleix vora el marit
amant, després d'engendrar una fillada
bella, de nom gloriós. Distingida
entre totes les dones, una gràcia
divina l'embolcalla. I no li plau
de seure enmig de les altres comares
per remenar-hi històries obscenes.

Dones així són les millors que Zeus
regalà als homes i les més assenyades.
Totes les altres, per voler de Zeus,
són malvestat que roman vora l'home.
Que el pitjor mal que Zeus va modelar
van ser les dones. Es pensen que ajuden
i res, de fet: els pitjors infortunis
vénen a aquell que en té una. Cap dia
no pot servar feliç qui s'hi refeixa,
que no farà fora de casa seva
la fam —hoste enemic i déu hostil—.
Un jorn, hom creu que l'alegra la gràcia
d'un déu o bé el favor d'algun mortal,
i ella, trobant un retret, a baralla
l'excita. On hi ha una dona, a aquesta casa,
no és rebut de grat l'hoste que hi posa.
La que sembla que tingui més senderi,

segur que, al capdavall, ofèn molt més:
embaladit l'espòs, tots els veïns
xalen de veure aquest com també cau.
Cadascú, quan l'esmenta, la companya
pròpia lloa, i blasma la dels altres.
Tenint sort pariona, no ho veiem.
Zeus la va fer com el pitjor dels mals.
La posà com un nus que no es deslliga
als peus, d'ençà que l'Hades va acollir
els qui lluitaren per mor d'una dona.

## SONET DOLENT

El mascle bell, amb un punt de bovesa,
sovint m'atrau —no es clou mai l'espiral
que el fum dibuixa a pols: l'amor defesa
sota l'erecte imperi ofidial—.

Cós venturer, combato pel domini.
Asclo, revessa, el ceptre balm del sexe
que em diuen d'empunyar, esclat d'ermini
que amb el poder real no té cap nexe,

fosc caragol, amb ressò d'ona fesa
que embolcalla no-res, sang de coral
vora els astres amb fulla de destral.

Jo ric amb urc del rèptil extermini.
Lluna pertot em duu runa reflexa
i signo amb gel el flanc solar que em vexa.

# IV
# CANÇONS DE PAPER FI

*A la meva mare*

I la cançó canta en cada bri de cosa.

SALVAT-PAPASSEIT

D'un res de canya vella
ajust la caramella
que afina cants i plants.

J. V. FOIX

Cançons de paper fi
m'omplen la sàrria
i em foraden el fons
de la butxaca.
Mireu quin caramull
de llunes blanques!
Duc llunes i cançons
per arracades.

## 1
## LLUNA GRANADA

> Quan me'n torno al casal
> em segueix l'ombra muda
> i una mica més lluny
> m'acompanya la lluna.
>
> MARIÀ MANENT

Company, mosseguem la vida!
Que l'amor ens ragui els llavis:
Farem un pacte de sang
quan lluna plena s'ablami!

Farem un pacte de sang,
una conjura de ràbia
que ens faci estalvis del seny
que ens té la soga filada!

Company, mosseguem la vida
sota la lluna granada.

## CORRANDES DE LLUNA

Avui, si venia
la lluna morta,
l'amor cantaria
que truca a la porta.

I si ens arribava
amb gep a Ponent,
l'amor cantaria
en quart creixent.

Si la lluna era
rodona i roja,
l'amor cantaria,
l'amor boja.

Mes ai, si ve blanca,
rodona i blanca,
l'amor cantaria
que la porta tanca.

I si duu la lluna
un gep a Llevant,
l'amor cantaria
l'amor minvant.

Ai, quina ufana de lluna!
Amic, sortim en finestra
entre les dotze i la una!

Lluna, moneda de coure
a l'aire, duu-nos fortuna
entre les dotze i la una!

Perquè has vingut quan llaura
lluna marinera el mar,
a l'esbalç de l'onada
han florit els coralls.

# LLUNA DE VALÈNCIA

1

Amic, sortim al terrat,
ai que ens remulli la cara
la lluna, gall de taronja
entre dents de nuvolada;
ai que ens remulli la cara
—amic, sortim al terrat—
la lluna, la tarongina
del taronger ennuvolat.

2

Set llunes ulleroses
i una set agra
sota les set taronges
de l'amor clara;
de l'amor clara, sí,
de l'amor clara,
set llunes ulleroses
i una set agra.

## 2
# ESTRELLES BAIXES, VELES ALTES

A la vora del riu, mare,
m'he deixat les espardenyes.

POPULAR

Mires la serra de la Mariola
des de l'hotel...

VICENT ANDRÉS ESTELLÉS

Matinet de Sant Joan,
les herbes tenen virtut;
ai, amic, l'amor fa sang
i la lluna ja s'esmuny,
matinet de Sant Joan.

Matinet de Sant Joan,
les herbes duen metgia;
ai, amic, l'amor fa sang,
cremem berbena florida,
matinet de Sant Joan.

Embarcarem l'amor a la teulada
d'aquell mas verd
enmig de fulles blanques
que, barquejants
lluny de la mar, pels marges,
a vela i rem,
és de tots port i aigua.

Si volies les móres,
les móres dels meus ulls,
esgarria't pels calls
a boqueta de juny.

Esgarria't pels calls,
sota l'aixella un cofí,
si volies les móres
a boqueta de nit.

Si collies les pomes
del meu pomerar
i en complies senalles,
s'encenia el mas,
que sóc masovera
—en setembre d'amor—
quan relluu la tristesa
sota pàmpols nous.

Cega, cega estrella.
A l'hora foscant
l'òliba clara
porta meravella.
Arrenca'm l'estella
d'enamorada.

Boja, boja lluna.
A l'hora foscant
l'òliba clara
crema a la llacuna,
boja, boja lluna
d'enamorada.

El vell matalasser
duu núvols per bufanda,
melangia al bigot
i uns pals batibullaires
que trasmuden els flocs
en fulls de calendari
—viatgers, anys amunt
en cerca de paraules
desterrades fa temps
a les golfes més altes,
quan l'hivern destapà
el bot gros dels mals aires—.
El vell matalasser
duu núvols per bufanda:
bé els esbandirà el sol
que té sota la màniga.

Pluja al tardí,
vent a la matinada.
Ballem un rock
sota l'aigua enllunada.
Damunt l'herbei
que enfanga la sabata,
amor, amor,
la pell se'ns torna brasa
i l'estalzí
omple la nit, la casa.
De matinet,
el vent farà dissabte.

Si en mirar-te les ungles
veus tres taquetes blanques,
acluca ben bé el puny,
para esment al presagi:
—No l'obris fins que hauràs
trobat bous i esquellada,
flors dalt d'un campanar,
el pa, la sal i l'aigua,
un carro carregat
d'estrelles esmolades,
un cel de cotó en pèl
emporprat de rialles
i antenes de cargol
al cim de les teulades,
un gall que balli sol
i una pluja amb campanes,
un sol dalt del terrat
que torni de bugada,
un sí que sigui sí
tres tanques que no tanquin.

—No l'obris fins que hauràs
copsat rels i sandàlia,
i un vi que no hem begut
a la copa dels arbres,
i un amor foll-follet
encès al clar de plaça,
mentre músics antics
engeguin la sardana,

polques i rigodons
i el ball de l'almorratxa,
i tots saltin de ple
la foguera joana
amb neu dels pastorets
a dintre les butxaques.
Fins que trobis un port
sense cordes ni àncores,
un sí que sigui sí,
tres tanques que no tanquin.

# BRUIXA DE DOL

(1977-1979)

# BRUIXA DE DOL

# DIVISA

Emmarco amb quatre fustes
un pany de cel i el penjo a la paret.

Jo tinc un nom
i amb guix l'escric a sota.

## FOC DE PALES

### I

Aigua sobre aigua,
sobre l'aigua, set.
Al bell cor de l'aigua,
negres ganivets

i jo, sola,
entre albera i alba.

Al bell cor de l'aigua
negres ganivets.
Passava una barca
franca de remer

i jo, sola,
entre albera i alba.

Passava una barca
franca de remer
en un foc de pales
que baten el vent

i jo, sola,
entre albera i alba.

En un foc de pales
que baten el vent

ve encesa la barca
amb la lluna a pes

i jo, sola,
entre albera i alba.

Ve encesa la barca
amb la lluna a pes.
L'amor hi clavava
negres ganivets

i jo, sola,
entre albera i alba.

## II

La nit em clava
el seu ullal
i el coll em sagna.

Sota les pedres
l'escorpit
balla que balla.

La pluja, lenta,
fa camí
fins a la cambra.

L'escala fosca
del desig
no té barana.

## III
## FORAVILERS

Junts hem menjat
—foravilers de tarda—
ametllons verds
de la branca més alta
robats d'un hort
sense porta ni tanca,

ai, no la mosseguis
l'ametlla amarga!

Esborràvem lliçons
darrere els arbres
de mestres i veïns:
aquesta plana
l'escrivíem ben sols
amb lletra clara,

ai, no la mosseguis
l'ametlla amarga!

Esquitxada de nit
la bata blanca
i amb els dits entintats
mig oblidàvem
al cor de l'ametlló
l'ametlla amarga,

ai, no la mosseguis,
amic, encara.

## IV

Perquè avui feia el seu ple
la lluna se'ns posa a taula.
Quin pany de cel de quadrets
de cuina les estovalles!
En acabat de sopar
l'amor ens tira les cartes.
Al primer tomb de la sort
la color se'ns trasmudava.
Al segon, els gots de vi
tacaren les estovalles.
Al tercer se'ns va trencar
la lluna de porcellana.

## V
## BRIDA

A la fira dels Folls
jo hi aniria.
Vindria qui sap d'on
—i ningú no ho sabria—
amb els llavis oscats
de molta vida,

traginer de cançons
en cavall sense brida.

Quin esquer se m'arrapa
a la geniva?
Amor, estel amarg
a la deriva,
em fa senyals: jo vaig
per l'altra riba,

traginer de cançons
en cavall sense brida.

Cadenes són presons
i jo en fugia
pel call dels bandolers
a trenc de dia.
A la fira dels Folls
jo hi aniria

traginer de cançons
en cavall sense brida.

## TOMBANT

Una dona sense un home
és com un peix sense bicicleta.
ANÒNIM

### I

Avui, vint-i-u de desembre,
he sortit al balcó:
sota una pluja que ja amainava
he vist els testos, les olles, els pots
de conserva plantats d'atzavares,
de cintes, begònies, geranis i cactus,
de cabellera de la reina
i d'alegria de la casa.
I el gessamí, que si se'm mor, no se'm mor.

Feia molts dies que no sortia al balcó
corrent darrere d'amors i d'altres coses...

## II

Bon dia, tristesa.
Vesteix-te de setí!
Pinta't al front
els núvols i la lluna
i anem al ball
que ja s'atansa l'hora!

Carnestoltes duu llàgrimes
de colors a la galta.

III

Com un peix sense bicicleta
cerco el meu cor entre les ones.
Alço la copa on mor la lluna
en vi molt dolç.

M'he emborratxat de solitud.

IV

La mort crema el darrer rostoll.
I aparia la rella.

No talleu els arbres del canal!

## V

L'arbre servarà molt temps
l'esguard que l'ullprengué per primer cop.

Però cal asclar llenya per a aquest foc
i la destral llampega.

## VI

De primer van foradar-me les orelles
i de llavors ençà duc arracades.

No prengueu aquest bosc per una alzina.

## VII

Tinc els ulls de fusta.
De tant en tant, un cuc hi plora.

## VIII

Ja no m'enartes, sol,
vaixell salvat de l'ombra,
que és l'ombra qui m'ha pres.
El cranc d'aquest crepuscle
se m'ha arrapat al cor
i els meus ulls són el llac
on es nega la lluna.

## IX

Les hores dansen
sobre la meva pell
i ve la solitud
de peus menuts,
sense sabates...

## X

Vaig embarcar ja fa molt temps
una pilota de colors
en qui sap quin teulat.

El vent de març juga a matar
i me la torna.

El meu cor l'entoma.

XI

Llum al balcó
i l'estrall a la porta.

Giro la moneda
i és la lluna.

## XII

Pujaré la tristesa dalt les golfes
amb la nina sense ulls i el paraigua trencat,
el cartipàs vençut, la tarlatana vella.
I baixaré les graus amb vestit d'alegria
que hauran teixit aranyes sense seny.

Hi haurà amor engrunat al fons de les butxaques.

## FOGUERA JOANA

### I

Damunt un cel de fil
amb unes vores fetes de puntes de coixí,
avui regna la lluna, amor,
i cap flor no es tanca.

II

Amic, et citaré al cor d'una petxina.
Petit ocell, ajoca't en el pit de l'onada.
Dóna'm la llengua, amor. Dóna'm la sal.
I dóna'm també
aquest dolç llangardaix que em duu follia
quan s'enfila per l'herba.
Ben a pleret, que ens hi atrapi l'alba.

III

Els meus pits són dos ocells engabiats
quan els teus dits els cerquen
per entre les fulles i les flors del vestit.

Però quan fulles i flors cauen a terra
—que el desig porta dalla!—,
són dos peixos que et fugen de les mans
en les crestes nevades de la mar.

## IV

Dolç enemic,
amb caçapapallones
em pares trampes
pels plecs del plaer.

V

Avui tancaria el llangardaix en una gàbia.
I que fos la festa dels dits,
la dansa de l'heura a cau d'orella,
la tendresa de la planta dels peus,
l'or negre de cella i de l'aixella.
Seguiria els camins que el deliri oblida
amb pas molt lent
com el del bou que llaura
aquest paisatge de lluna gitana.

## VI

Si algú em deia que la teva espasa
no enduraria tres guerres
—ni tan sols tres batalles seguides!—
li reconeixeria el fet
sense gens de recança.

Però si algú gosés dir
que hi ha joguina més dolça
sobre la terra,
que li caiguin de cop totes les dents
per mentider!

## VII

Perquè venies sense armes
t'he obert les set portes del castell
i cap guaita no he deixat rere els merlets.
I he llençat l'anell a l'aigua
perquè un peix, o la lluna,
el guardi en el seu ventre.

## VIII

La lluna, guaita
del nostre castell casolà,
avui ens té enveja.
Més lívida que l'herba
ja va a minvant
com minva tota cosa.

## IX
## LLUNA NEGRA

Veniu, a pler, records
i atieu la foguera
—la foguera joana!
Tot aquest bosc
ja només és estelles
i el llenyataire
ha perdut els passos.
Cal canviar de pressa el decorat
perquè pugui florir a temps la berbena.

# BRUIXA DE DOL

## I
## ZODÍAC

Lligo els records i tanco la maleta:
que engoleixi aquest llast l'avenc marí.
Que els peixos cusin la boca d'un destí
amarinat en aigües de desfeta.

Fem joc de nou a l'estranya ruleta
i llancem daus inèdits al camí.
Lladres gasius, amb el foc per botí,
cremem el darrer full de la llibreta!

Cal que encertem, amb l'ai de la sageta,
l'arbre i el cor, la fulla i el verí
i ens fem penyora d'amor a la bestreta.

I, conjur del mal astre, a l'endeví,
apuntem cels, amb pinzell de poeta
on fan la trena el cranc i l'escorpí.

## II

Aquest pallasso amb la ganyota amarga
em diu que el cor té la forma d'un cranc.
(En vi molt dolç, la lluna sense sang
mor.) I jo prenc la copa que m'allarga.

El vidre és fred, i un rastre de carmí
crema, morent, amb lluors de la festa.
El cel, nafrat, enyora la tempesta.
Plou sobre mi, sobre ell, amb gust de vi.

Cerco al rebost agres tints de venjança
i em sorprenc amb posat de gosadia.
Li pinto celles, llavis, d'alegria
i esborro amb traça estelles i menjança.

(Tinc un mirall al davant i a l'esquena.
Galtes avall la pluja em fa la trena.)

## III

*A Teresa d'Arenys*

Aquest mirall em diu que sóc ben sola
i no hi fa res que el trenqui en mil bocins.
He enfilat el carrer trist que va a escola
i em marco, amb guix, entorn, els meus confins.

La lluna riu, dins la nuu que s'endola.
I jo sembro amb pedretes els camins
que em duen cap a mi, nit meva endins.
Baixo al meu pou, amb bleix de corriola.

Tu, lluna, rius, i em vesteixo de lluna.
M'arrenco el collaret d'agres estrelles
i el mar se les empassa d'una a una.

I et prenc el cor segur amb què cabdelles
el teu destí, per fer, amb cartes velles,
un solitari nou sobre la duna.

## IV
## INTERLUDI ROMÀNTIC

Amb el ventall em defenso de tu.
Abaixo els ulls, com la dama d'abans.
Però sense saber-ho i sense mans
et faig senyals amb el gest oportú.

Tanco el ventall, i em crema la mirada.
Duc un petó menut al cap dels dits
que et cerca enjogassat. A la postada
dels bibelots he amagat els neguits,

i de sobte s'estimben, de tant vent
que fan, pintats, ocells i violetes.
El vespre, avergonyit, fuig de puntetes.
La nit truca a la porta tendrament

i em cega amb pluja de bona saó
mentre els follets surten en processó.

V

Veus?, només tu camines pels meus prats.
I jo, arraulida a l'escó de la nit,
et sento els ulls, com dos escarabats
que enfilen, lents, la costa del meu pit.

Als vidres resta un tel lleu de tristor
i una oreneta negra estén les ales
sobre els teus llavis. Au, sega la por,
llença l'esglai per l'ull de les escales!

Gosa escalar la boira amb peu solà.
Ran de la deu, amor, ran de l'eixut,
hauràs, al cim de tot, la solitud.

Pots compartir-la amb mi, com un brenar
tendre i amarg, la mel damunt el pa
i el bri de pena que l'hora ens ha dut.

## VI

Sola, ben sola, em diu aquest mirall.
I no hi fa res que senti en el meu front
la teva mà, llindar entre el teu món
i aquest núvol que em fa d'amagatall.

Obre la capsa, i fugirà un colom
—Si fos un cor!— i et volarà a la mà.
Quin vent glaçat m'arriba d'ontocom?
Aquest desert, no florirà demà?

Amor, amor, la lluna és a la guerra
i no li escau ni llança ni punyal.
Quan decanti combat tan desigual
farem nostra la nit arran de terra.

Pel joc d'amor, la dansa vegetal,
farem nostra la nit, el pa i la sal.

VII

El mag m'espera a frec de l'envelat
i jo arribo amb la bruixa del casal
on visc amb mi, i amb l'ombra del meu mal.
A voltes sense mi, i amb l'ull fadat.

La solitud l'he duta de bracet
i la passejo per aquests paratges.
Metgia em duu la nit, com un secret:
farina d'alba en amargants beuratges.

¿Quin vell molí moldrà l'hora del dia
en què he trobat suport per al meu braç?
La pastaré amb llevat de melangia.
Però sabré encetar, deserta, un pas

de ball amb mi, i el mag per companyia,
com una barca sola a la badia.

## VIII

Amic i desamic et diré ara.
Com un peix dolç llisques entre la pell
de l'ona i de la mort. Però un ocell
sinistre ve, i em veig l'ombra a la cara.

Al vell jardí que el teu desig em para
hi ha ganivets que floreixen de nit.
L'heura du al cor un missatge d'oblit.
Lluu el verí al clar de l'alimara.

La lluna ho sap, que he ben perdut l'anell?
Sí, duc tristesa esparsa pel cabell
i l'aigua em clava agulles d'escorpit.

I mentre encenc cuques de llum al pit
que, a trenc d'amor, m'incendien la cara,
amic i desamic et dic encara.

## IX

M'ets present com un déu, com un diable.
Avui t'he vist de cap a peus vermell.
He assassinat l'aranya del castell
i a les mans duc la copa: sóc culpable.

Culpable a mitjanit i al tomb del dia
quan l'herba lliga amb foc, per al festí,
el llac i el cel on l'astre fa camí.
L'aigua m'acull amb braços de follia.

S'obren de cop portes i finestral.
Avui l'amor té gust de ventolera
i em fa plaer l'estella i la destral.

Veig papallones i les deixo enrera.
Ullpresa vinc a tu per l'espiral
del fum, amb vol de bruixa i amb granera.

## X

Mentre el vent, cec, esqueixava un tabal
que amb veu de nit feia néixer la lluna,
he begut el teu filtre a plena duna.
La mar ha pres un tint de carnaval.

Com una ballarina amb cor boscà
m'he allunyat de puntetes del paratge.
I si he deixat trena i estel, per gatge,
m'he endut senyals d'esglai a cada mà.

Però el beuratge amara la madeixa
dels meus neguits. I, feta sargantana,
per les graus del desig sense barana
torno, ben d'amagat de mi mateixa.

I t'abraço amb l'angoixa vegetal
d'un bosc d'amor ofert a la destral.

## XI

En bosc amarg cavalca un vent salvatge.
¿Quin rou talla les ungles del cavall
i retorna les herbes de l'estrall?
No hi ha destrals que esbranquin el paisatge.

Sense penons i franques de guiatge
les hores donen esperons al gall
i destrien la lluna del mirall
quan ve la nit i se'ns endú d'ostatge.

Barques d'amor incendien la platja
i obren camí, sense ombra d'escandall.
Lluny de tot seny, i a frec de l'estimball,

clavo la xarxa en la carn de l'onatge
per prendre els ulls al mar, en el redall,
i heure-li el cor en el mateix viatge.

## XII

Els teus llavis. La fruita. La magrana...
Àngel rebel, tot olor de gingebre.
Atrapa'm pels replecs d'aquesta febre.
Vine amb verdor de pluja. Sargantana

que em fuges pels cabells, sense frontera,
al bat del sol, ales d'ocell nocturn!
Serves per cor la Lluna o bé Saturn
i, als ulls, un tast de boira matinera.

El teu cos mineral. Sal. Vi. Maduixa.
Com una serp, cargola't al meu ventre
i cerca'm, amb verí d'amor, el centre.

Tu seràs un gat negre. Jo una bruixa.
Ens fitarem errants, i en el desvari
la lluna, cega, encendrà l'escenari.

## XIII

Bruixa de dol, al meu cau solitari,
he clos el llibre on l'òliba fa dia.
A trenc d'oblit s'esquera la falzia
i el gessamí al tombant d'aquest llunari.

Amb pas furtiu, per fosc itinerari,
l'aranya ha pres altre cop el casal.
Cendra d'amor assenyala el portal.
Però la lluna em dicta que despari

el decorat —veus?, l'arbre malferit
serva a l'escorça la teva divisa—.
I em cita al fons de l'estany sense brisa.

Torno el mirall al calaix de la nit
i esborro el rastre, travessat d'agulles.
Se'm bada als dits la tristor de les fulles.

# AVUI LES FADES I LES BRUIXES S'ESTIMEN

Avui, sabeu?, les fades i les bruixes s'estimen.
Han canviat entre elles escombres i varetes.
I amb cucurull de nit i tarot de poetes
endevinen l'enllà, on les ombres s'animen.

És que han begut de l'aigua de la Font dels Lilàs
i han parlat amb la terra, baixet, arran d'orella.
Han ofert al no-res foc de cera d'abella
i han aviat libèl·lules per desxifrar-ne el traç.

Davallen a la plaça en revessa processó,
com la serp cargolada entorn de la pomera,
i enceten una dansa, de punta i de taló.

Jo, que aguaito de lluny la roda fetillera,
esbalaïda veig que vénen cap a mi
i em criden perquè hi entri. Ullpresa, els dic que sí.

## ELS NÚVOLS DUIEN CONFETI A LES BUTXAQUES

*(Vaig desar a l'armari*
*aquell núvol més menut,*
*el que duia confeti a les butxaques.*
*Però, ai!... les arnes no dormen.)*

### I

*A l'Anna Costa*

Com un secret d'aigua verda
els teus dos ulls m'han mirat.
Ai, estrella marinera,
ai, adéu,
estrella de la mar.

La mar guarda un cor d'estrella
a l'avenc del teu mirar.
Anna, Anna,
marinera,
traginera de la mar.

L'arc del silenci tibat,
i, per sageta, l'estrella.
Ai, adéu,
marinera,
Anna de la mar.

Com un secret d'aigua verda
els teus dos ulls m'han mirat.

## II
## CANÇÓ DE SALTAR A CORDA

La pluja és una bruixa
amb els cabells molt llargs.
Cascavells li repiquen
tota la trena avall.

A la nit, si venia,
ho fa sense avisar,
estalzim a la cara
i el vestit estripat.

Si fa córrer l'escombra,
conillets, a amagar!,
amagats que seríem
que no ens atraparà.

Darrere la cortina
fem-li adéu amb la mà.

## III

*A Magda Marçal*

Magdalena,
lluna plena,
qui t'ha fet
lo mal del peu?

Corre, lluna,
que t'empaita
la guineu!

Magdalena,
lluna plena,
on has perdut
lo didal?
ai, quan brodis
boires baixes
amb l'agulla
et faràs sang!

Magdalena,
lluna plena,
vora mar
perds los esclops,
quan t'afues
matinera
amb l'onada
a retaló.

Magdalena,
lluna plena,

tens l'escombra
al cap del llit,
per fugir-hi
en la ventada
sota l'ombra
de la nit.

Magdalena,
lluna plena,
cabellera
fins al peu.

Corre, lluna,
que t'atrapa
la guineu!

Magdalena,
lluna plena,
duus estels
al davantal
i els escampes
fora vila
lluny de casa
i de l'hostal.

Magdalena,
lluna plena,
no perdis
lo mocador:
fes adéu
a la masia.

Corre, lluna,
amb l'onada
a retaló!

## IV
## VELLES CORRANDES PER A LA PEPA

*A Pepa Llopis*

Ai, quina cara més clara,
veïna del meu carrer,
com la neu de la muntanya
o la flor del cirerer.
Com l'espiga del terrer
que amb el sol fa la clucaina.
No hi hauria cisteller
que tan clara fes la palma,
veïna del meu carrer!

Ai, quina cara més clara,
veïna del meu carrer,
que s'hi posa la rosada
quan canta el gall matiner.
Rosa vera del roser
al redol de cada galta,
porugues, troben recer
cuques de llum sense casa,
veïna del meu carrer.

Ai, quina cara més clara,
veïna del meu carrer.
Sense fanal ni alimara
faríeu llum al coster.
I si una ombra de nit ve
i en els vostres ulls s'hostatja,
la lluna farà el seu ple
al tombant de cada galta,
veïna del meu carrer.

Ai, quina cara més clara,
veïna del meu carrer,
com una casa enramada
amb brancades de llorer.
Amb brancades de llorer,
poliol fresc a l'entrada,
espígol sec al graner,
flor de saüc i herba sana,
veïna del meu carrer.

Quina cara feu més clara,
amiga del meu coster,
com la vela del veler
entre la pluja i l'onada.
Com la claror que s'amaga
en el vi bo del celler
i en el vell cor del carrer
de Gènova on feu estada.
Veïna del meu carrer,
ai, quina cara més clara!

## V
## CANÇÓ DE PLUJA

Si el sol puja escaletes
ens mullarem demà.
Tot just la pluja alerti
el gall del campanar
pel clar de les gateres
s'esquitllaran els gats
i sortirem nosaltres
per la porta més gran.
Gallarets de bugada
fugiran dels terrats.
Cargols i cargolines
ens acompanyaran.
Traurem les katiusques
i un paraigua espatllat
i capa amb caperutxa
malgirbada amb un sac
i les ganes de córrer
i un delit prou estrany.
A cada toll que hi hagi
espernegarem tant
que escatxigarem tots els
mussols del veïnat.
Espolsarem les plantes
dels horts i dels ravals
i els arbres de la plaça
i les flors del solà,
i pararem la galta
per rebre-hi el ruixat.

Entomarem la dutxa
de totes les canals
i ens inventarem barques
a tots els xorregalls.
Si estevenet venia
amb l'agulló torçat
sabrem un sortilegi
que ens el farà ballar.
Balla que ballaria
avui i l'endemà,
fins que amb barret d'arestes
el sol haurà tornat
i haurà desat la pluja
al prestatge de dalt.

## VI

*A Fina Llorca*

Jo conec una fada que es diu Fina
—flor de taronger,
que camina de puntetes
—ai, la flor de tarongina.
Viu amb un ós de pelussa i una nina
—flor de taronger,
i una palma a la finestra
—ai, la flor de tarongina.
L'acompanya el cargol i la caragolina
—flor de taronger,
de lluny l'aneguet lleig
—ai, la flor de tarongina.
Penja els estels al cel de la cortina
—flor de taronger,
jardins a les parets
—ai, la flor de tarongina.
Duu papallones en una paperina
—flor de taronger,
i n'escampa pels carrers
—ai, la flor de tarongina.
Si menja safanòria i sal marina
—flor de taronger,
flaons, cócs de maçana
—ai, la flor de tarongina.
Conjura el moraduix, també la clavellina
—flor de taronger,
el romaní i la menta
—ai, la flor de tarongina.

Que algú li canti amb so de mandolina
—flor de taronger,
corrandes enllunades
—ai, la flor de tarongina!
Un barrufet li pren la mantellina
—flor de taronger,
i li barrufa al voltant
—ai, la flor de tarongina.
Mes ella té una vareta que domina
—flor de taronger,
la calma i la tempesta
—ai, la flor de tarongina.
Quan us clavi l'esguard i us digui: Vine!
—flor de taronger,
fugiu, que us fadarà
(com m'ha fadat a mi)
—ai, la flor de tarongina.
Jo conec una fada que es diu Fina.

## VII

*A Cinta Portillo*

Si fossis, Cinta, una llebre-llebreta,
no t'haurien ni gànguils ni cap gos de cacera,
ni et caçaria el vent amb llaçadeta estreta.

I, jo fos caçador, tindria mala estrella:
Mentre els teus ulls em fessin la rateta
de fonoll m'ompliries a desdir
cartutxera i canó de l'escopeta
perqué enramés fondals i nuvolar
amb grans d'olor, per fer més festa.

Ara i adés, parariеs l'orella
a frec de terra per sentir el soroll
de l'herba com creix, llebre-llebreta
i jo t'envejaria la planeta.

Travessaries de cor i a la valenta
tot l'ample del Baix Ebre i la Ribera,
Terra Alta, Montsià i fins als ports de Morella.
Mes, si anaves més lluny,
l'enyor, a pols, prou faria estelleta,
si fossis, Cinta, una llebre-llebreta.

## VIII
## CANÇÓ DE FER CAMÍ

*Per a la Marina*

Vols venir a la meva barca?
—Hi ha violetes, a desdir!
Anirem lluny sense recança
d'allò que haurem deixat aquí.

Anirem lluny sense recança
—i serem dues, serem tres.
Veniu, veniu, a la nostra barca,
les veles altes, el cel obert.

Hi haurà rems per a tots els braços
—i serem quatre, serem cinc!—
i els nostres ulls, estels esparsos,
oblidaran tots els confins.

Partim pel març amb la ventada,
i amb núvols de cor trasbalsat.
Sí, serem vint, serem quaranta,
amb la lluna per estendard.

Bruixes d'ahir, bruixes del dia,
ens trobarem a plena mar.
Arreu s'escamparà la vida
com una dansa vegetal.

Dins la pell de l'ona salada
serem cinc-centes, serem mil.
Perdrem el compte a la tombada.
Juntes farem nostra la nit.

## SENSE LLOPS NI DESTRALS

### I

Teresa, saps?, tu i jo, en aquest escenari,
fem papers diferents amb distints decorats.
A mi m'agrada el te. Duc els llavis pintats.
I m'he emportat la lluna al calaix de l'armari.

I si surto del meu recer és de puntetes.
Tu camines amb urc pel terreny enemic
i mires endarrere, on hi ha les violetes,
com si fossin parracs d'un vestit molt antic

que has desat fa molt temps a les golfes més altes.
I et plau pel bosc hostil prendre l'arc de sageta
i fer blanc en un cel endevinat de fresc.

Però, guaita ¿t'adones que ens cus el mateix vesc
i el vell teatre ens lliga amb teranyines malaltes?
L'aplaudiment dels déus ens marca la desfeta.

## II

*A Quima Romagosa*

No és el foc sinó l'aigua que em crema.
Duc l'escorpí com una agulla al pit.
I sota el tel de l'estany adormit
s'obre el celler d'una amarga verema.

El sol fa ull al tombant del canyar
i em signa amb urc, segur del seu imperi.
Però un fosc sortilegi, per misteri,
em blega al fons, on l'espill s'esquerdà.

Amfibi estrany, vern de fulla dispersa,
em faig aranya per teixir-me un eix
i invento un pont de l'ocell fins al peix.
Si hi pogués arrelar, una i diversa...!

El vent s'enduu la fràgil aliança
i els fils segats al nus de l'esperança.

## III

*A Araceli Bruch*

He dit bon dia al teu cor violeta,
Araceli d'aram. Dic Araceli
i abans que l'A d'alosa no s'enceli
un cabdell de llampecs fa la traveta...

I si encén el panís del teu cabell
sega les cordes ben arran del pou.
L'aigua del fons té la claror del rou
però l'estrall li ha marcat la pell.

Veig les parets on la molsa clapeja
i l'esparver que hi plana i fa esquinçall
d'aquesta vall on el trèvol mestreja.
Dic Araceli i em torna el mirall

l'ombra d'un bosc en un foc de falgueres
i als ulls, colgat, un doll de primaveres.

## IV
## CEL NEGRE

*Per a l'Assumpta*

L'esvoliac fa nit a la lluerna.
Però la pluja em diu que tens raó.
Té, partim-nos la poma en un racó
on no arribi el glaç de la galerna.

Arreu hi ha murs i torres de defensa
i al caire d'aquest cel manen destrals.
Hem travessat el torrent fosc per guals
marcats, amb peus menuts sense remença.

I a les palpentes hem topat l'escut.
Sabrem refer camins, pel viu de l'ordi?
Si no, no hi ha terme per al llagut

que encén tardors amb mots de llibertat.
La lluna nova, saps?, diu que et recordi
que el NO d'avui du un SÍ a l'altre costat.

## V

*Per a Adela Costa*

Hi ha un àngel sense cel al fons d'aquest mirall
amb els llavis pintats de sol que va a la posta.
Du un estigma a la pell que demana resposta
i uns ulls esbatanats que fan d'amagatall

a l'aiguat dels torrents. Porta el ròssec de l'astre,
dels boscos i dels anys. I un deix de fulles mortes.
Com en país estrany, closes totes les portes,
erra obstinadament, com si seguís un rastre.

Uns senyals que no hi són, que, amb cendra de follia
i amb alfabets prestats, inventem per demà.
El nuvolar més fosc es congria amb nosaltres.

La pluja esborrarà tots els camins del dia.
Pastarem somnis vells, sota un cel de lilà,
amb el fang sense ahir, com si fossin uns altres...

## VI
## TRÍPTIC PER A UNA QUIMERA

*Per a Ina, d'un any estant*

### 1

Camises de dormir de setí. I una rosa.
I quines coses que ens fan felices! Veus?
Ens pintarem les ungles de les mans i dels peus
amb pètals de gerani. I sentirem la nosa

d'aquell vell cartipàs on calcàvem paraules
—ai, trampes de colors per als infants babaus!
Al fons del mar varen llençar les claus,
allà on feien l'ullet els tresors de les faules.

Au, anem a cercar-les, vestides de pirata!
Però, la lluna, on té el seu vaixell de plata?
Qui ens embulla les trenes a les branques dels saules?

Paraules de setí. Amb pell d'amor, paraules...
La nit, que ens xuclaria mar endins i no gosa,
ha esfullat aquest dia amb crepuscle de rosa.

2

Ralet, ralet... Paraules petitones.
Zapz? La Maiameixè t'eztima finz al cel!
Besar-te els ulls és fer volar un estel
en un bosc sense llops ni destrals. Te n'adones?

Cuca de fanalet, al ràfec de l'orella
hi he arribat amb l'amor humit de serení.
Penyora d'aquest joc, duré, demà al matí,
braçalets de petons a cada manuquella.

Cerquem tresors menuts, amagats endebades.
I què, si ens hi perdíem per set anys teraranys!
Per obrir la magrana tancada sense panys
ens hem calçat als dits els peücs de les fades.

I hem alçat, a l'esqueix de l'hora violeta,
una festa d'olors amb la trena desfeta.

3

Avui la pluja no duu espines. Vine.
Té, serva'm a les mans aquest cor, com si fos
un molinet de vent desbocat, de colors.
Corrents, baixa les graus on l'amor s'endevina!

Para-li cabaneta al racó dels follets
i atansa flors i fulles d'olor a la fogaina.
I jo amb polsim d'ales de voliaina
et sembraré els cabells de missatges secrets.

Deixem, al circ desert, xarxes de teranyina
i la sang que ha brollat del nostre nom ferit.
Avui la pluja no duu espines: vine!

Que hi ha un cel de setí al fort de la tempesta
i, a tocar de la llinda d'un paisatge proscrit,
castells de foc oberts a mar, torres de festa.

## VUIT DE MARÇ

*Amb totes dues mans*
*alçades a la lluna,*
*obrim una finestra*
*en aquest cel tancat.*

Hereves de les dones
que cremaren ahir
farem una foguera
amb l'estrall i la por.
Hi acudiran les bruixes
de totes les edats.
Deixaran les escombres
per pastura del foc,
cossis i draps de cuina
el sabó i el blauet,
els pots i les cassoles
el fregall i els bolquers.

Deixarem les escombres
per pastura del foc,
els pots i les cassoles,
el blauet i el sabó.
I la cendra que resti
no la canviarem
ni per l'or ni pel ferro
per ceptres ni punyals.
Sorgida de la flama
sols tindrem ja la vida

per arma i per escut
a totes dues mans.

El fum dibuixarà
l'inici de la història
com una heura de joia
entorn del nostre cos
i plourà i farà sol
i dansarem a l'aire
de les noves cançons
que la terra rebrà.
Vindicarem la nit
i la paraula Dona.
Llavors creixerà l'arbre
de l'alliberament.

# SAL OBERTA

*A tu, Heura Marçal*

*I a les bruixes, i algun bruixot,*
*que t'hem esperat amb alegria*

I recorda que es tracta d'un enforcall al mar.

RAMON PINYOL

## DIVISA

Sal oberta a la nafra: que no es tanqui!
Que no em venci cap àncora, vençuda
pels anys, i per l'oratge, i per la ruda.
Que cap pòsit d'enyor no m'entrebanqui!

Heura al velam! Sal viva a les parpelles
per albirar l'enllà, com un desert
obert de sobte en un deliri verd!
Que l'escandall encalci les estrelles!

Sal oberta i, en reble, cel obert!
Deixar senyal de sal on l'ona manqui
que m'assaoni llengua, nas i orelles!

Sal oberta a la nafra: que no es tanqui!
Sal que m'embranqui, en temps d'hora batuda,
pel gorg lunar on tota cosa muda!

# I
# FREU

## FESTANYAL DE L'AIGUA

### I

M'endinso amb l'heura pel forat del pany.
Quin vent m'ha dut a la porta del bosc?
No hi ha senyals als arbres del tocom.
El desig ha esfullat el cel sense resposta.

Al nou convit, un envelat de pluja!
Escampats sobre l'herba, pels ravals d'aquest vi,
la sal del joc i el pebre de l'amor,
i el teu cos i el meu cos, recapte de la festa.

Qui ens ha parat la taula amb tovalles de grana?
Quin trenta de febrer de quin sol? Quin planeta?
Quina mar mig s'albira des del castell de cartes?

La foscor dóna cobri a l'averany més fosc.
Camí d'enlloc, de tornada d'enlloc
t'estimo, exiliada al perquè dels poetes.

## II

Guaita! Tenim les mans de la mateixa mida!
I les meves per grosses, les teves per menudes!
Veus? L'ocell fosc ha baixat a l'onada
i el peix de llum s'ha ajocat a la branca.

La branca és aigua i l'onada treu fulles.
El peix fosqueja entre el velam de l'aire.
L'ocell és clar. La lluna, submarina.
Guaita! Tenim les mans de la mateixa mida.

L'ona tragina fruita al grat del vent.
La branca trenca als esculls del capvespre.
Lluna de nacre, gavadals de boira
ens capgiren la casa i la tendresa.

Ja ni sabem on s'han trobat, amor,
les nostres mans de la mateixa mida.

## III

Ens besem a ple bosc, en clariana fosca,
on només planen ombres d'ocells sense memòria.
Els esquirols amaguen els mots sota les pinyes.
La lluna oblida el foc que li encén la cara.

Les falgueres crepiten amb el rou de la festa
—ni ho saben, que hi ha l'erm ordenat de l'herbari!
Per venir ens hem buidat les butxaques i els ulls
i hem deixat endarrere cartipassos i noses.

Ens traiem els vestits i ens abracem badats
com dues boques foses: som la carn dins de l'ungla.
I quan ens en tornem, plens a vessar, brandem
paperines molt fondes amb les mans de l'amor.

I escampem per la plaça major d'aquest neguit
serramostre de mel i de llet i de fulles...

## IV

Avui la primavera se m'ha fet tota meva
com una criatura: dóna més que no rep.
Ha pres a mà les regnes del meu cor, i l'estrep,
i desnua amb pols ferm la tristor que s'agleva.

Cerco un tast de vi nou. Caço qualsevol ham
—rebost esbatanat a la fruita i al re...
Plouen fulles d'olor, i el bon temps que em diu: té!
M'enduc, com un veler, sol i lluna al velam.

I a casa no m'esperes, amor, per fer-te'n do.
Les hores s'afileren, mals hostes del convit,
i l'enyor de mans balbes adoba la saó.

Un no sé què s'esbalça en cascades sobre el llit,
i, en no trobar l'eixida per portes ni balcons,
esbarria pel sostre teraranys de petons!

## V

Quan et treus les ulleres ets un xiquet nounat,
els ulls tibants per esquerdar la fosca.
Com? On? Per què? Tot el llibre és en blanc.
La teva boca esclata en cerca d'aliment.

Tanques els punys i hi segrestes les hores.
Somrius. Sóc un bobò. Ara encenc un llumí
i els teus ulls es fan dolços com ametlles tendrals.
El llumí del desig. El fogall dels llençols.

El meu cos és el peu que et duràs a la boca.
Ara obres els punys i s'encela un ocell.
Sents, com batega lliure, pel bosc de les olors?
Els follets li fan niu, i les ales de l'aigua.

Au, no et posis encara les ulleres, l'escut
que et fa cec i que esborra el teu país d'origen.

## VI

Rastrejo els sots del sorral del teu cos.
Veus com la mar hi carreteja estrelles?
Sóc un forcat de peixos de colors
que empaiten l'ombra de seda de la lluna.

La llengua talla: és l'ala d'un tauró.
El foc mossega les genives del dia.
Entre les dents floreixen els coralls.
L'aigua és la xarxa que ens ha parat l'amor.

El freu és ple d'ampolles amb missatges.
Volen gavines entre les nostres illes.
Set colors doblegats han fet un pont.
Núvols ben avinguts una escala nevada.

Alces castells al sorral del meu cos
i ara la mar recobra les estrelles...

## VII

T'he d'esberlar l'escut d'un cop de cor brunzent.
La fona de l'amor em fa amor a les venes.
D'estimar-te se'm trenca la veu i la geniva.
Se m'aviven les dents i el foc de les pestanyes.

Hi ha mil petites boques al teu cos que se'm xuclen.
Hi ha el cargol mariner de l'orella, i el bec
del sexe, que estarrufa les plomes i que em repta.
La balma de la llengua, els congosts entre llunes...

Hi ha els teus dits, de les mans i dels peus, vianants
que truquen a la porta, i els meus llavis els obren.
Amor, hi ha la cançó de l'onada que em venç
sense arma ni combat. Hi ha la sal. Hi ha la pluja.

I hi ha aquest gran escut, com un mol·lusc gegant,
que serves, obstinat, per desfer l'abraçada.

## VIII

T'espera l'escorpí al cap d'aquest raval.
L'agulló li fa mal, pel verí suïcida.
Acorralat pel foc —ball de mort nupcial—
s'esbat sota la runa de la torre salsida.

Es podreixen les fulles. Desfeta tardoral
del bosc dreçat, altiu, al viu de la ferida.
Escarabats s'embosquen pel laberint astral
que arrenca de l'estrall i mena a la florida.

T'espera l'escorpí i l'ona entenebrida.
Fes fora els teraranys que et senyen el portal!
No et sents negat al gorg que porta el nom de vida?

Sega el llibant que et tesa! I, per camins de sal,
abraça'm com una aigua que ignora el ritual,
cabdellats a l'arrel del torrent sense brida!

## IX

M'estimes com un cec que ha oblidat els topants.
Els peus fugen del nus que els encadena a l'esme.
Els teus dits, vius, s'enfilen pel tacte de les fulles.
El nas et du on s'escau el tros de les pomeres...

El teu cos m'és amic, i m'obre les finestres.
¿Quin aragall d'estrelles s'emporta els forrellats
i et mena per afraus, amb veu d'aigua esmolada,
canoa sota l'arc estrebat del desig?

Les ombres dels meus arbres, febroses, t'embolcallen
com un porxo d'arrels i saba i verds d'amor.
¿Sents l'orella com desa el miol de la lluna
mentre els ulls només brillen i conjuren l'esglai?

No hi ha guaites enlloc i els maons d'aquest foc
s'esbalcen com el sol al pou cec del crepuscle.

## X

Les campanes de l'aigua galopaven pel cel
i tocaven a terra pels vorals de Salom!
Berenar sense estudi, camins de pa amb vi i sucre
i alegria a la pell amb un bull de sidral!

Les campanes de maig tocaven a dijous.
—Campanes de Salom, enmig de terra i aigua!
Baixem pel tobogan d'iràs-no-tornaràs.
Obre el paraigua, amic, que la pluja t'estima!

Savis? Mestres? Rectors? Els farem pam i pipa!
I al comte Berenguer, a dalt del seu tatà!
De cara a la paret, els set àngels del llit!

L'amor és un mirall que ara ens fa la rateta!
Amb caçapapallones, l'atraparem al bosc?
No hi ha un gos, ni cap gat, que el conte continua!

## XI

Dansa o combat? Avui, dansa de guerra!
No veus, la lluna amb ulls vermells de sang?
Les llances de la nit han envestit el fang.
Xipollegem, orats, de mar a bosc de serra.

Som l'eix fosc del bassal d'aquest immens carrer
on s'ofega el galop de la pluja enfebrida.
Quan, de sobte, ens encén el delit homicida:
pellroges d'arc cruel, provem pols i corser.

Te m'he fet presonera. Roda de ganivets
em tatua la pell i la boca del cor.
Perquè he cercat, gosada, l'espluga del tresor
i he fet péixer l'amor sota averanys secrets

em castigues, gelós, i el pler que m'encomanes
em fa anar molt més lluny, per l'erm sense duanes.

## XII

Mai no he cercat de dreçar-li cabana,
a aquest amor, ostatge de l'atzar.
L'he volgut eix d'un enforcall al mar
sense parets ni tanques ni barana.

A ple desert, cor fosc de caravana
que tempta a pols l'ignot i hi funda llar.
L'aventura del vent, que encén el far
més extrem amb espurnes de campana.

Joc a fons, sense aval i sense gatge,
amb daus robats a l'oratge endeví.
En celler clos, la revolta del vi.
A camp obert, besada i tatuatge.

I, si et plau, no em capgiris el missatge:
he dit *solc* i no *clos.* No saps llegir?

## XIII
## NAUFRAGI ASTRAL

*Per a l'exposició d'arbres d'En Perejaume*

Amazona a cavall d'un cavallet de mar,
veig un ocell-espasa d'ambre que m'acompanya.
I, en bosc marí o en illa de muntanya,
una estrella amb la cua d'escata em fa de far.

Entre núvols d'escuma, pel freu d'aquest celatge,
em mossega un gran peix. Veus? Sóc galta minvant.
Duc la clau per obrir la fosca, i sé l'imant
que em xucla i que m'escup a repèl del viatge.

He après a llegir el foc al séc de l'ona.
L'aigua de la faldilla se'm torna papallona
per abillar la nit amb lluentins de sal.

Com un esquer cosit a l'ham de la fortuna,
perdo brida i estreps i, en ple naufragi astral,
obro el ventall i m'abraça la lluna.

## XIV

Ens hem trobat al freu que fon tota vedruna,
on s'estellen les barques i es clivella el camí.
Adelerats, pel vespre esquitxat de matí,
i per l'alba que du el gep creixent de la lluna.

Pel negre bes que tesa l'arc de la tenebra.
Per la sorra on s'abrina el foc i la neulia.
Pel ganivet que enceta la pell de la follia.
Per la badia oberta, pel congost de la febre.

On s'esbalça la por. Pel palmell de la duna.
Pel gorg de la tardor, per les brases del vi.
Pel sostre que l'amor ens fa d'atzeituní.

Pel sucre, la canyella, per la sal i pel pebre.
Per la taula parada, pel vol de la falcia
que es deixondeix, fugaç, a l'entreforc del dia.

## XV

T'he portat de Galícia, confós a la senalla,
una mica de terra i una mica de mar.
El sègol que ha aplegat l'orri de la tendresa,
i un borrissol de boira del cimal d'un *carballo*.

L'or del *Miño* collit a les planes trencades
de la geografia. La *saudade* vermella:
*O lar de Brehogan* avui bull, i les mans
ben closes fan un puny, ben obertes, l'estrella.

T'he portat un clau d'or, de ferro o bé d'amor
que m'he sentit granar a l'hort de Rosalia.
Un mastegall de verd i un deliri de blau
emigrant, terra endins, per la mar sense tanques.

I el cop d'ull d'una *meiga* que m'ha fitat al vol:
a mal donat d'enyor no li cerqueu metgia.

## XVI

Avui l'enyor és mestre del brou i l'alifara.
El desig s'agrabella sota pàmpols d'aram.
I quina menjaó, per a tan poca terra!
A cabassos plou sal i sol, i els ceps em couen.

A trenc d'estiu enfilo records sense teulada,
molses sense roquís, cassigalls de neguit.
I espero la tardor, amb el foc dels barrals,
raïm ardent als ulls i a la copa del sexe.

Avui l'enyor és mestre del pa i de la masia,
de les flautes del vent, del pou i del canyar.
Si les feixes del cor em fan mal, i la vinya,
el vespre, amb mà suau, no m'hi durà repòs?

Prou vindrà la tardor, escullera de vi,
i al celler de l'amor hi trencaran les ones.

## XVII

Aquest llençol és la plaça nevada
que hem baixat de les golfes. La neu fa de farina
damunt l'herbei, pel llac, pels turons i l'arbreda.
Enjogassats pastem un pa amb olor de lluna.

Ara, amb galtes d'arboç, apilonem estelles
per fer foc a l'aixella, o a la gola del llop;
i adés ens amaguem darrere el gran udol
de l'amor, atrapat al conc de la pastera.

Pels vidres embugats inventem una estrella,
escabellada i sola, i la seguim, errants.
Fum xemeneia amunt, per l'esgambi de bruixes!
—Dins el cup dels records bull l'ordi de la nit.

Però el sol ja, amb la rella, treu l'ull entre les teules
i ens fon la pell, i ens llença daltabaix de l'escala.

## XVIII
## ADÉU AL MASCLE!

¿Per què t'afues, dret, cap a la mort petita
que t'assetja al tombant d'aquest paisatge clos?
Per què signes amb foc l'escala del rellotge?
No. Vine com un riu traginador de llunes!

Allargassa't a pler sota els tendals de boira.
Saluda els brins de l'herba, l'olor del pa, l'argila.
Afilera palets en copes sense fons.
Esfilagarsa't, dolç, pels sellons i les ribes.

Sargantana voraç, beu-te el sol i la pluja,
la flonjor de la llana que recaptes dels núvols,
el viu dels cavallets del dimoni, el silenci
i els tresors que l'atzar congria a les recues.

I emmiralla'm, obert, des del pou fins al delta,
on oblidem l'ençà, negats d'amor i d'aigua.

## XIX

Saps? M'agrada el teu cap i m'agrada el teu cul
—dues meitats bessones desaparionades—.
La meva llengua com un caragol silent
ressegueix, lent, tot l'arbre, de l'arrel a la copa.

Amb l'amor a l'esquena, com una casa closa,
i un bri d'esglai al cap de les antenes,
m'emparro per l'escorça i estimo cada grop,
cada fulla, i el corc que adesiara hi plora.

Saps? M'agrada el teu cul i m'agrada el teu cap.
Un camí-laberint de saliva brillant
lliga els racons que el sol amb tall segur destria.

El paisatge divers de la bola del món
és el teu cos, avui, ofert, com un deliri
de terra, al meu deler de boca viatgera.

## XX

Em faria xiqueta com un gra de mill
per pujar-te al palmell i fer-ne una miranda.
Prou m'esgarriaria sense esglai pels ravals
que obren la inicial del meu nom, de la mort...

Tindria a mà cinc llunes al cap de cinc carrers.
Quina n'atraparia, raiera de les venes?
Riu amunt seguiria per recolzes secrets
on les cuques de llum fan la claror més negra...

Pel cingle viu del coll, guanyaria la duna.
M'avivaria l'aire del fullatge dels ulls
i em banyaria, dolça, a l'aiguall de les nines.

De cop sobte perdria les riberes i el fons.
Però me'n refaria, per tornar a naufragar,
ja sense esmena, rere les portes de la boca.

## XXI

Sense remei, ja ho sé, sense solta ni volta
t'estimo. No hi ha cap ni peus ni centener,
que tot és u al festanyal de l'aigua:
destral i bosc, vi i sang i el pa i la boca.

El gual i la riuada, la rosa i les tisores,
les tovalles i el llit, la font i el raig de set.
Torre esfondrada i arc tesat al cel.
Damunt la runa morta, la rosada que crema.

Sense solta ni cap, ni volta ni remei,
les petites abelles que fan mel del meu cos,
l'avenc fosc entre arbredes, l'amor que hi perd el pas.

La riuada i la font, la boca, el vi i la set.
Runa, sang i destral, el bosc i la rosada
i el foc que ha provocat aquest incendi d'aigua.

Estiu 1979

## ARC I TENEBRA

### I

Veus?, l'amor, desbridat, fa pastura del dia
i atia velles arnes pels racons de la casa.
El temps l'havia closa amb porticons de brasa,
però el cor, subornat, els ha afranquit la via.

De sobte m'he sentit presa al séc de l'enyor
que esventa un bleix de mar, sense urc ni polleguera.
A l'enforcall de l'ombra, vaixell sense bandera;
al nus estret del dia, pastura de l'amor.

I mentre s'estarrufa, engalanat de llor,
el cor, amo de tot, lacai de la quimera,
la lluna perd el peu i mor, fosa, a la rasa.
Focs de mirall s'emparen de l'aigua i de l'espasa.

Veus?, l'amor, desbridat, fa pastura del dia
i m'enlluerna amb plomes i cresta d'agonia.

## II

Fuetejat, ullprès de tu, amarg.
JOSEP M. PRATS

Fuetejada, ullpresa de tu. Fosca.
Amarga amb sobrepreu d'ona i de sal,
i, per escreix de sèver, vegetal.
Llampada on l'ou del desvari s'embosca.

Epidèmia d'heura, amb el corser
encabritat, per llei, a frec del born,
cremo fullam, i l'amor és el forn,
i encenc de verd les flames del foguer.

Com fer conjur al galop del verí?
¿Com esborrar-ne l'oscat de l'escorça
i alçar bosc nou a la lluna granada?

¿Com sostreure'm a l'esca d'un festí
on mescléssim el vi, obrint, a l'orsa,
solcs inèdits amb séc sense tornada?

## III

L'amor és l'assassí de la meva ombra:
la punta del paraigua encara sagna.
Pertot la pluja a vela i rem s'estagna
i em vol desfer de ròssec i pesombre.

Però no pot. Que l'ombra i l'arma tosca
que l'enfila m'estaquen a la rasa
on l'aigua es va podrint i el corc té casa.
On, viu, l'estrall a cor negat s'embosca.

En va esgarrapo murs i el pont desert
que alça el meu xiscle entre la lluna i jo.
Rellisco avall, pel llast que em fa ressò.

I si l'ull, franc, mossega el cel obert,
lívidament l'arrenca de la vida
l'udol de la meva ombra corferida.

## IV

Escanyaré la bèstia que em mossega a l'arrel
i escopiré el verí que emmalalteix la fulla.
El verd del meu amor és un bosc que es despulla.
Té la pell morta! Encén fogalls a tomb de cel!

Desabraça'm! Que l'aire torni a tenir-me viva,
lluny de l'ullal voraç que em clava a la tenebra!
Desabraça'm i, a sang, arrenca'm de la febre
que ha dut la meva barca fins a la teva riba!

Encerta'm de ple, llamp que signes l'enderroc!
Desabraça'm de l'aigua! Desabraça'm del foc!
Estella'm! Sigues ara el tall de la destral!

Contra el corc que m'ensenya a viure amb la ferida
parlo: sóc l'arbre pres d'angoixa tardoral.
Desabraça'm! O abraça'm sense retorn ni brida.

V

Aquest paràsit, arrencat a tall
del cos viu que el nodria i que el sustenta,
sóc jo, arrapada a l'agonia lenta
d'una ombra que se'm fon sense aturall.

Llampada entre l'enyor, que m'alimenta
amb verí dolç i em blega amb el seu mall,
i l'amargor, que, amb bec dur de magall,
remou el sòl i duu dol a la menta,

m'esbato, presa en el lleixiu que renta
els olis vells i fa llum al mirall,
i, alhora, ullpresa pel cigne sonor...

I esdevinc, ara, quan la lluna esventa,
fent doble joc, la pols de l'enforcall,
paràsit de l'amor i el desamor.

## VI

Mort de l'amor. Quanta terra a l'Havana
a rella i cor, tenaç, he conreat...!
Avui fa sol a pagès, i a ciutat,
i jo no hi sóc, on l'instant treu ufana.

Enllà m'exalto, amb la saó indiana!
Refaig l'estol absurd que ha sotsobrat
en illes franques i en cels d'espadat.
I abasto mars, i el bleix se m'encomana.

I al punt on el viatge perd barana
i la por cia, amb claus i forrellat,
no em faig enrere, amb tornaveu de fat:
asclo els vaixells i ensorro la drassana.

Sola, ja ho sé. Tu ets molt lluny, llampat,
de l'enforcall on la follia grana.

## VII
## AL FAR!

Ascla d'arbre o de barca, en esqueix d'alimària,
he triat, a ple cel, i amb fible d'escorpit
—imant de la tempesta i amiga de la nit—
l'urc de cremar, tot sola: d'ofici, solitària.

Solitari tenaç, damunt la terra eixorca
penja l'amor, i els corbs obren via al demà.
L'aixada de la lluna cava el meu cos en va.
El glaç té el cor glaçat, a l'ombra de la forca.

Vídua del plaer i del deler deserta,
afuada en els vents que cabdellen l'estrall,
traginera d'amarg recapte, a mar oberta,
averany esquinçat en vol de doble tall,

passo al freu i, en l'afrau de l'ona i de l'atzar,
m'escanya amb fil de seda la tenebra i el far.

Hivern 1979 - Primavera 1980

## POST SCRIPTUM

Quan, vestida de lluna, vaig llegir-me la mà,
la mà se'm disfressava d'amor sense duanes.
I l'amor, transvestit d'atzar, a les drassanes
de la lluna, llençava daus al freu de l'enllà.

Els daus no eren daus: eren l'ull de la mar.
La mar era disfressa de l'averany abscon
de la lluna i l'amor trenats a l'eix del món.
El món es disfressava de tu, de mi i d'atzar.

L'enllà era l'ençà. I l'ençà, la disfressa.
En teatre fugaç, els llençols, sense fressa,
paraven el teló de l'atàvic convit:

Si, disfressat de mi, tu em prenies els guants
per abastar la lluna de l'arbre prohibit,
qui, disfressat de tu, t'escapçava les mans?

# II
# SET CANÇONS ESPARSES I UN ROMANÇ

## I
## SI EL MAR TINGUÉS BARANES

Si o mar tivera barandas...
ROSALÍA DE CASTRO

Si el mar tingués baranes
i el tomb del cel mollons
prou sabria on cercar-te,
mes no hi vindria, no.

Si pogués posar en gàbia
el plomatge del foc.
Si el vent tingués andanes,
brides i estrep el cor.

Si pogués alçar tanques
al jardí de l'amor,
prou sabria on cercar-te,
mes no hi vindria, no.

No ho sents? S'obren les portes,
portes i porticons.
La pluja trenca ribes,
finestres i balcons!

I és aquí on jo et cerco,
no sé per què ni com,
dins la nit esmolada,
com la tempesta el torb.

Pel mar sense baranes,
pel cel sense mollons.

## II
## ENDEVINA, ENDEVINALLA...

M'ullprèn el ròssec
d'una estrella de mar.

¿O és la fletxa del peix
que s'empassa la lluna?

¿O un llapis de colors
que em dibuixa una platja
entre els llavis?

O un pinzell de poeta?

O el dit gros del meu peu?

Avui sóc la sirena
que té cames
i cua d'escata.

## III
## ARBEQUINES DE L'AMOR

Ai, amor, si vols passar
per dessota l'oliver,
que la lluna juga a cuit
sobre l'herba del terrer!

Per dessota l'olivar,
amor, sí que hi passaré,
plenes d'olives i amor,
ai, les butxaques del vent!

Fulles altes i petons,
pluja dins l'aire enramat,
arbequines de l'amor,
ai quin deix més amargant!

Ai quin deix més amargant
l'amor menut a la dent!
Les mans de seda del vent
em despullen l'olivar!

## IV
## CANÇÓ DEL MAL TIMONER

La lluna porta un anell
de nuviances amargues.
Treu-te, lluna, l'anell fosc,
llença'l a la marinada!

Ai, la por per timoner,
no vull tan mala companya!

La barca sobre la mar
du les veles arran d'aigua.
Llença, barca, l'anell fosc,
que el xucli l'ona de plata!

Ai, la por per timoner,
no vull tan mala companya!

El peix s'empassa el secret
i es fon la llum de l'escata.
Escup, escup l'anell fosc
al camp salat de les algues!

Ai, la por per timoner,
no vull tan mala companya!

Al fons del fons de la mar
la tristesa m'ancorava:
fora, fora l'anell fosc!
Pel cel navega la barca.

Ai, la por per timoner,
no vull tan mala companya!

## V
## CANÇÓ DE BRESSOL

Bruixeta la non-non,
amb caputxeta blanca.
Hi ha una finestra als núvols
que si s'obre no es tanca,
si no ve la soneta
amb ventallet molt fi.
Pestanyeta de seda,
lluneta de coixí.

## VI
## CANÇÓ DE LA BRUIXA CREMADA

*A Maria del Mar Bonet*

Bruixa, que és de matinada,
ja surten els muriacs
que et fan nit a la finestra
i t'enramen el portal.

El portal t'enramen d'arços
i el balcó de tempestats.
Surt, la bruixa, a trenc de dia
com una ombra al camí ral.

Bruixa, arrenca't de les trenes,
que s'acosta el Sol botxí,
amb el seu arc de sagetes
mulladetes de verí.

De la teva cabellera,
en farem coixí daurat
per als xiquets de la vila
que la son els has robat.

Bruixa, els teus ulls cremen massa:
per això els darem al foc.
Cap fadrí darrere cendra
perdrà els passos ni la sort.

Bruixa, plou sobre la vila.
Ja sols resta el teu vestit.
A pleret la nit s'acosta
tota negra d'estalzim.

## VII
## CANÇÓ DEL BES SENSE PORT

L'aigua roba gessamins
al cor de la nit morena.
Blanca bugada de sal
pels alts terrats de la pena.
Tu i jo i un bes sense port
com una trena negra.

Tu i jo i un bes sense port
en vaixell sense bandera.
El corb, al fons de l'avenc,
gavines a l'escullera.
Carbó d'amor dins dels ulls
com una trena negra.

Carbó d'amor dins dels ulls
i els ulls dins de la tristesa.
La tristesa dins la mar,
la mar dins la lluna cega.
I la lluna al grat del vent
com una trena negra.

## ROMANÇ DE LA SOLITUD SENSE SABATES

*Per a Pep Duran*

Tristesa, que et dius marduix!
On has perdut les sabates?
¿No saps que la solitud
ja no sap anar descalça
i empaita la lluna al bosc
sobre les petges de l'aigua?

Sense fressa ni remor,
passa-passeta de llana,
solitud de peus cansats
vol xinel·les escarlates.
No té cuiro ni didal
sabater que les clavava.

No tinc cuiro ni didal
ni soles ni claus d'escata.
Sota trebol constel·lat
segueixo el bleix de la tarda.
A la vora de la mar
trobo una taula parada.

¿Quina nina hi ha deixat
borseguins de xocolata?
S'hi fonen al bat del sol
i esquitxen les estovalles.
Els gots es tornen tinters
i els plats, cartipassos d'aigua.

M'endinso, la mar endins,
amb les veles afuades,
marinera en vers obscur
escrit amb rella de plata.
Quan sóc al tomb de l'avenc
dins l'atzar calo les xarxes.

Quin gavadal de tresors
la tristor s'embutxacava!
Babutxes amb picarols
i tapins amb flaire d'algues,
socs de fusta de corall
i sandàlies de nacre.

Botines de l'Orient
dins una copa gebrada,
l'escarpí de serení,
l'avarca, i vent a la barca!
Pel cel roig de la dissort,
una oreneta negada.

M'enduc en paper assecant
el nom de la marinada.
Albes de negre xarol,
nits amb lluor d'arma blanca
m'enceten la pell del cor
i m'escapcen la petjada.

Escaquer d'ombra i de sal
—sang i tinta, lluna amarga—,
faig caure en joga fugaç
alfils i torres de guaita

i amb vestit d'herba d'agram
perdo els passos per l'escala.

La solitud s'ha menjat
empremta, peu i sabata.

# III
# HEURA

*A tu, quan encara eres*
*un dolç paràsit del meu cos;*
*i el meu cor, de tu.*

## BAULA

El sis de març de mil nou-cents vuitanta,
plegats, i sense esment, insectes de l'incert,
calàrem foc al fruiterar dels núvols.
Caigué la fruita viva sobre l'herba.

El freu, de sobte, se sembrà de plomes.
Les ones s'esponjaren amb l'embat del creixent
i s'inflaren les sines de la duna.
Tota la fruita vingué a la meva falda.

Guaita'm dreçada a l'hort de la quimera.
Collita sóc, sense orri ni graner,
i un sol nocturn m'ha acolorit les galtes.

I tu —que lluny!— esborres rastre i fulles
que fan camí fins al sorral on grana
el desconcert amb averany de festa.

Quina duna el meu ventre, vedruna de la mar!
Veus, en cruïlla oberta s'hi abrina el teu nom.
Jo en faria un collar a la torre dels vents,
ai que més ai,
però els cavalls de l'ordre em trepitgen la llengua.

Quina onada el meu ventre, solcada pels vaixells
que inscriuen el teu nom a la polpa marina!
Com lluiria amb rella de sals i de coralls,
ai que més ai,
però els cavalls de l'ordre em trepitgen la llengua.

Quina proa el meu ventre, amb gallaret d'amor!
Duria el teu senyal, conjur d'estrelles altes,
al cim del pal major, com un ram de gavines.
Ai que més ai,
però els cavalls de l'ordre em trepitgen la llengua.

No, mai més el meu cos no trencarà per tu
onades de cristall amb dring secret d'aram.
No, mai més, abraçats pels racons del seu camp,
no ens atraparà junts el trident de Neptú.

Al seu palau de runes que ja ha oblidat el llamp
el vellard destronat dormirà un son segur.
No el desvetllarà cap esclat inoportú
de besos amb estrelles cosides al velam.

No. I ho dic i no em reca. El paisatge comú
és molt lluny, amb coralls que fan foc al seu ram.
Sols me'n resta l'olor del salobre a la pell.

Ara mestrejo sola la marea que duu
el creixent de la lluna arrapat al seu ham,
l'estoig viu on es fon l'ombra del teu anell.

M'han fet un ventre els guals oberts de la fortuna,
el sol falcat a Peixos i la lluna a Escorpí.
I l'amor que encertava amb bec de colibrí
el moll breu de l'avenc on la raó s'engruna.

El rellotge de sal parat a la llacuna
revolta i el trasbals que es vestia de sí.
L'atzar cofat d'escuma i el desig carmesí
que encengueren la festa al cor de l'hora bruna.

M'han fet un ventre altiu que gosa navegar
en aigües de ningú contra llei de corrent.
Si fongués llast d'arrels i el mossec de la dent
que clava el meu enyor al caire de l'escar

segaria el llibant que em doblega a l'ençà
i em perdria endins, sola, ciant a nit batent.

Primavera-tardor, 1980

## L'HORT FOSCANT DE L'ATZAR

### I
### AVERANY

«Sents? La lluna davalla i et diu Mercè-creixent,
i se t'esmuny per sota el davantal
i, a vol, et pren pel novenari d'heura
que lliga sal i sang, a cel obert...

Cenyides per la serp de la tenebra
la lluna i tu sou u: arbre i mirall.
Fareu el ple quan el jorn llevi l'àncora
i naveguin banderes sense imperi.

I espanyareu, amb dits empolsats de safrà,
forrellat, porta i mur que fan dic a l'aurora.
Coronades pels vents, sou al tomb del viatge:
Que el fosc poder que us serva no corrompi l'atzar!

Sents? La lluna davalla i et crida: ¿quin mal glaç
et llasta? Vés-hi! Nega't al ple de la tendresa!».

## II
## RUDA

*A la memòria de Medea*

Si el meu fill neix mort és seu.
EDITH SÖDERGRAN

Perquè véns de l'estrall atàvic i t'esqueres,
heura sense camí, pels replecs del meu fat.
Perquè ets un bleix de lluna sotmesa a les banderes
d'un déu per endavant vencedor del combat.

Perquè portes la mort escrita a la semença
i la veig a les fulles, i ha enramat el convit,
no donaré agonia a la saba que et defensa,
no daré llum al sol, ni tenebra a la nit.

Ofegaré les rels del gran arbre que et serva.
Estroncaré la veu dels petons que hi fan niu.
Faré callar les deus que adollen a aquest riu
el verd de la serena i la saó de l'herba.

I alçaré cor i vi perquè la vida guanyi:
el meu amor serà la ruda que t'escanyi.

## III

Heura que m'envaeixes el ventre i la follia!
Freu entre el cel i l'aigua, ennuvolat de foc.
T'estimo: sóc la pluja que amara l'enderroc
d'on, tenaç, s'obre un fruit amb colors d'alegria.

Heura que véns de mar. Freu amb l'ona a ple brull.
L'estrall tot just et frega la pell: la vida es bada.
Per tu, jo seré el sol i la lluna granada
i una casa sense urc amb celler, pou i trull.

L'hort foscant de l'atzar que esbatana les portes
a peu pla i que convida a la festa dels lilàs.
La tendresa que estrena balcó i cel de domàs.
El bleix que aviva en dansa d'aram les fulles mortes.

L'olivera i el cep. Bòbila, farga i era.
I el gresol d'on treu flama el vol de la quimera.

## IV

Hoste que has arribat de cop, sense ambaixada!
L'atzar lúcid se'n riu, del seny d'ull emboirat,
i en carrossa de festa t'ha dut fins a l'entrada
de casa: benvingut a aquest àpat sobtat!

Qui ha convocat, d'incògnit, a la taula parada?
Seu a l'escó: fa fred al raval enrunat
on l'ordre té el palau. Fes ben viva l'estada,
per covar la tempesta i entrar-hi a escac i mat.

T'he cridat i has vingut: ni tan sols jo ho sabia.
La pluja et fa teulada; l'aventura, bancal.
Duus al front el senyal del trasbals tardoral
i a l'arrel, estergits, l'esperó i la utopia.

L'amor sense triaga t'ha franquejat la via
fins on crepita l'ascla del meu cor vegetal.

## V

*A Tona Gusi, una mica gitana, una mica drac*

Si pogués ser gitana i endur-te'm al país
on les móres maduren al caliu de la lluna
—dins del sac ca-ta-crac, per l'ai dolç de l'abís—
d'amagat dels mussols que enllumenen la duna!

Si pogués ser flautista d'un Hamelín novell
i arrancar-te del clos, i, enllà de la carena,
amb nuus de set olors confegir-te un castell
d'iràs-no-tornaràs, dins de la nit morena.

Si fos drac, o sirena, o bruixa, o serp de plata
per temptar-te, tot just obris l'ull a l'incert
i oferir-te les ales que m'ha encès el desert!
Si l'esglai no em mengés la rel i la sabata

desaria la ruda, sortiria al camí
i obriria en ventall l'arc viu de Sant Martí.

## VI

*A Magda Marçal*

He desat al calaix la ruda: se'm podria
a les butxaques i al clos de la falda.
Pels descosits sobreeixia, i pels sets...,
i els he embastats amb agullers de pluja.

L'he desada al calaix: potser les arnes
de l'estiu en faran, d'esme, pastura.
Mentre, triomfaran les fulles noves
al jardí que s'espiga dins de casa.

Sí, he desat la ruda i el reclam
que obria portes als cavalls de l'ordre.
I els daus m'han atorgat la clau oberta
de la revolta, el vi de l'aventura.

He desat al calaix la ruda. I he afirmat
la deu des d'on s'esbalça la tempesta de l'heura.

## VII

Vinguen els rems, que só d'estirp romeva!

J. V. FOIX

T'estimo perquè sí. Perquè el cos m'ho demana.
Perquè has vingut de l'ona sense ordre ni concert.
Perquè el brull del boscatge t'enrama la cabana
sense panys ni bernats, en un desvari verd.

Perquè vull. Perquè em xucla la rel de la follia.
Perquè és l'amor, dallat, que ha granat al meu llit.
Perquè duc, ben reblat, el bleix de l'escorpit
que provoca el salobre i encrespa la badia.

Perquè sóc massa fràgil per bastir l'aturall
a la marea viva que em nega a l'endeví.
Perquè sóc massa forta perquè em blegui un destí
que han signat, sense mi, les busques de l'estrall.

Perquè l'aigua més fonda no vol ni pau ni treva
i pregona ben fort que sóc d'estirp romeva.

## VIII
## DESCRIPCIÓ D'UN SÍ

*A Montse Piquer*

Tremolava la cua
d'un llangardaix poruc.
Però jo, de puntetes,
vaig atrapar la lluna.

L'ocell menut
s'ajocà al cor de l'arbre.

# CANÇONS DE L'ENFORCALL

## I

Cosia, a punta d'alba,
les vores del record
amb fil de seda blanca
        —moreres de la mort,
        ocell viu la branca!
Ai, ¿quina ombra de dol
salta la tanca?

¿Quin esme de dent trenca
el repunt i l'ordit?
¿Quin fil de seda negra
        enfila dins la nit
        ocell, branca i morera...?
¿Quin caçador furtiu
salta la veda?

II

Heura que de l'oratge
de l'amor viu naixies
i ara des de l'engruna,
a cor desert, t'enfiles!
Digues,
¿abraces o escanyes
l'altiva torre franca dels meus dies?

## III

Aquesta capsa dolça
de molsa
que et guarda, amb pany fadat;
que oneja sense fressa,
ni pressa,
amb bleix extasiat,

és el meu cos que et serva
com l'herba
serva el crit del seu verd;
que es corba al teu creixent
i aprèn
el teu batec obert.

¿Quina remor petita
m'invita
a abocar-me al pou clar?
¿Quin ressò de salobre
mig m'obre
finestres al demà?

Sento els dits de la pluja
que puja
vidre amunt del meu cor.
I els nusos del llevant,
trucant
per fer fora la mort.

¿Com granarà el paisatge
que, en gatge

de tendresa, m'ofrenes,
si l'ombra del neguit
ha ordit
paranys a les carenes?

¿Com obriré la fruita
que lluita
amb armes de festí,
si la dansa d'arrels,
amb tels
d'enyor, trena el camí?

¿Com tindré del teu cau
la clau,
si tristor m'esgarria?
Per copsar el teu senyal
em cal
vestit nou d'alegria!

## IV
## CANÇÓ DE PASSAR BUGADA

¿A quina porta truques,
heura, que avui no hi sóc?
Sóc lluny, passant bugada
del pòsit de l'amor
—pell morta d'hores vives
en cossis sense fons.
¿No veus com fuig l'engruna,
bombolles de colors,
la tendresa, escapçada,
florida en el sabó
i escumes d'un paisatge
que fou i que no fou.
Molles de pa encastades
—el desig n'era el forn—
d'un pa pastat a mitges,
dos cossos en el cóm.
Olis de danses velles,
de combats sense born
i els sucs d'una quimera
esquarterada a pols?
¿A quina porta truques,
heura, que avui no hi sóc?
Per sentir-te em caldria
capgirar la cançó,
trencar el mirall de l'aigua
—safareig de tristor—
i estendre la bugada
a l'embat del migjorn

perquè s'endugui l'aire
l'ombra blanca del corb.

## SAL OBERTA

### I

*A Tània Fraylich,*
*soltera i mare*

*I a Josep Ferrer*

Conjuro els quatre regnes, i l'atzur de la nit,
les plantes dels meus peus, els turmells i les venes
que et serven i que ritmen el meu pas i el meu pols
    d'ona creixent.

Conjuro els daus oberts i t'abraço amb la serp
del pou de la tendresa. Avivo tots els vents
que s'han citat, revolts, al volt d'aquesta taula,
    nuncis de l'hora.

Que floreixin per tu els coralls de la tempesta,
la sal dels hostes, la farina de l'alba.
Que l'aigua estreni davantal d'alegria
    per acollir-te!

Per tu vull ser nació sense imperi.
Tralla que abat la joga de les cartes marcades.
Riada sense fre que enderroqui l'atàvic
    dic dels esquemes.

Contra el tall que afilera als prestatges de l'ordre
el brull divers dels rius, la marea de l'herba,

contra el teulat extàtic, llaurat a cops d'esglai,
    duc per bandera

la trena dels sentits i de les coses,
el rogle del desig i de la solitud
nuats sense repòs en la verdor dansada
    de les falgueres.

I sóc ara la llet, la fruita, el sègol
que s'escampa per fer-te saó viva
d'allò que els homes, amb urc sense finestres,
    en diuen pàtria.

## II

Conjuro els quatre regnes i l'atzar i el llevant
de la lluna que grana amb pes de saba nova.
Mig de foc, mig de mar, sento les fulles
        altes de l'heura.

Obre't al sol de l'energia dolça!
Com una arrel, divisa dels orígens,
xucla'm, voraç, el bategar tel·lúric
        que em fa deessa

de la vida i que em signa amb olis de remença,
adobs de lluita i enrenou de festa...
Xucla'm la llibertat, si cal en contra
        de mi mateixa.

(Se'm corba el ventre com un arc tesat
per l'amor: no hi ha fita prohibida!
La fletxa encerta la poma del futur
        i tu ets l'arbre.)

III

Aquesta fruita em parla de tu —prunes
i cireres a dolls sobre la taula—.
¿Sents el deix lent del rosari de llunes
que he de passar fins que la saba em venci,
fins que la llet i les fulles s'escolin
pel meu tronc i el serení em vesteixi
d'un llagrimeig menut, com d'alegria?
Llavors m'envejaran ocells i peixos.
Aquesta fruita —peres, pomes, síndria
i maduixes— t'evoca. Pacient,
cullo els minuts i les hores i els deso
en una capsa amb la forma del cor
que guardo cada nit sota el coixí:
l'olor del teu nom verd els dóna cobri.

## IV

Estranya companyia que m'abraces
al punt més alt de l'alta solitud
per on navego amb barques d'alegria
ullpresa d'heura.

T'obres camí en un laberint de runa
que l'aigua escala amb fletxes de tendresa.
¿L'enforcall de la sal covarà en guerra
l'ou del creixent?

No sé on són els confins del viatge.
La mar és el marjal on grano, oberta
als tretze vents de la terra, amb el cos
florit de lluna.

I hi cerco signes, alfabets d'arrels
per confegir-te un nom que no t'escanyi.
Per bastir-te una casa que no et segui
veles ni rems.

## V
## DECAPITACIÓ-80

*Homenatge a Pere Quart*

Em despullo de tot
per esperar-te.
Dels alfabets que he après
i de l'escorça.
Tombo tinters
i, amb un gest
sense trampes,
tallo en rodó
el cap de tot esquema.

## VI

Hi ets i no hi ets. I t'abraço, retuda.
T'estimo com estimo aquest cos d'aigua
que s'emmotlla al teu vidre sense tall,
que vibra amb veu de gorga subterrània.
Per tu l'estany escampa arreu miralls
de doble faç: sóc jo i sóc una altra.
I tu ets jo, petit desig obert
al fons de tot, paràsit que m'habites
tan dolçament com el sol beu la pell
del salobre o com l'heura escala la tenebra.
Talp sigil·lós com un secret, que excaves
túnels inèdits dins la meva raó
per al meu cor que s'obre amb pluges de campana.
Per cinc mesos, encara!, i per molts anys!

## VII

Veus? Ara sí que sóc mercè marçal,
d'abril, maial, de juny i juliol...
L'ocell s'ajoca dins del vern més sol
que es dreça, altiu, al pas de la destral.

¿Com vas triar d'arrapar-te al meu dol
i fer cabana al caliu de la sal?
Més ençà i més enllà del bé i del mal
sóc mercè fosca a mercè del teu vol.

Mercè, del març fins al tomb de l'hivern:
a dolls la deu i l'astre fan fogall
de corc i estrall, i et són amagatall.

Fins que sacsis d'arrel a copa el vern,
el temps, vestit de mi, guaita com cern
tota ombra, mòlta en aigua de mirall.

## VIII

Mai cap amant no ha gosat arribar
al lloc extrem des d'on tu m'acarones.
De dins enfora, amor, sento les ones
i em faig areny i duna i penyalar.

Sorra i record de demà, mans enceses
pel risc, mirall de l'ombra de l'ahir
que et congrià i et féu hoste de mi,
jo visc en tu, en les teves escomeses.

Tu vius en mi i et mous pel clos comú
—aigua a l'aguait de les veus de la terra
que esborra amb sal el rastre de la guerra.

¿Sents el llevant com tempta, cor dejú,
els molls remots on l'urc se'm desaferra?
Creixent en tu, la mar i jo som u.

## IX

El meu ventre és el món: de fora estant
vetllo el creixent d'amor que ara l'habita.
Cels sense orgull maduren la collita
—hort clos de fruita oberta al nou tombant—.

Sé que hi ha arrels clavades al foscant
—laberint d'aigua i set—. I sé la fita
—sal revolta, trasbals on tot em cita—
cap on roda el futur, vestit d'imant.

L'hora vibrant, la que ara em serva el pou,
n'ha d'esfondrar brocal i ombra cansada
perquè es confonguin astres, mar i rou.

I, covat per tanta aigua trasbalsada,
del cor vell d'aquest ou naixerà, nou,
un altre món amb la fruita badada.

6 de març / 30 de novembre 1980

# IV
# RAVAL D'AMOR
## VARIACIONS SOBRE UNA MATEIXA ONADA

*A Josep Parcerissa*

## I

He estimat un arcàngel a ple vol,
seda de bosc als cabells i a les ales.
He trencat als seus ulls com la mar a les cales
d'un país on les bruixes ja no duen més dol.

En solell blanc de boira i en obaga de sol
l'amor ens ha parat un devessall de sales.
El setè cel, on és, si no hi menen escales?
Quin camí mig embasten els núvols del trebol?

Hi ha un paradís perdut rere aquest cap de broma.
He sentit a la galta un fregadís de ploma
i a la boca l'or viu de la bresca de mel.

No ho sabria pas dir: ¿era nit o de dia
que he estimat un arcàngel a frec de la masia
i he tocat, de puntetes, amb els cinc dits al cel?

## II

¿Hi ha arcàngels que davallin ben al fons de la mar,
allà on el tauró fa estella de l'onada,
amb les ales obertes, pel trenc sense tornada
on sagnen els coralls i el foc de cap al tard?
Hi ha arcàngels que davallin al fons del meu esguard?

Sí. Tu, que has acceptat el repte de la sal
i has encalçat l'esquer que mena al raval fosc
on em perdo i em trobo, en un desfici tosc,
on et perdo i et trobo, pels forats del meu mal.
Sí. Tu, que has volgut ser hoste del meu hostal.

Sense fressa ni por, de dalt del teu celatge,
amb pluja de vellut a les mans i en el front
t'has capbussat suau, i m'has poblat el món
submarí de retalls del teu antic estatge.
Sense fressa ni por has emprès el viatge.

I el teu rastre ha deixat un camí estès de plomes
per on m'enfilo, a voltes, amb les xinel·les velles,
duent, a pes, la mar tatuada d'estrelles
fins als confins alats de les aigües més somes.
El teu rastre és un pont entre dos idiomes.

Agost 1979 / desembre 1980

# ESCARSERS

(1980-1982)

## PASQUINS PER A LA REVOLTA VEGETAL

### I

Mireu quina hora ens enreixa el paisatge!
Veniu a veure com ens seguen l'aire!
Obriu els ulls i la ment a la saga
de la desfeta!

Excavadores del dòlar claven dent
al moll de l'os de l'esperança oberta.
Guaiteu el cel, esquarterat, en venda!
L'aigua, ferida!

Peixos que fugen del seu lloc d'origen,
núvols errants, amb la color perduda,
traç esqueixat d'ocells sense memòria,
tanques que tanquen!

No dem més ales al vol de la queixa.
Desem la por, calcem-nos la sabata
i obrim escletxes d'unitat diversa,
front de mil cares!

Gosem tallar el cap de tot esquema
que ens barri el pas cap als revolts inèdits.
Arreu plou plom sobre mullat: plantem-li
arreu batalla!

Sota la bota del desordre estable
que s'emmascara d'ordre a cop de tralla,
pel camp comú, arrasat, m'aventuro
i em cerco el rostre.

Davallo al pou i contemplo la lluna,
pujo carenes i esguardo la terra,
arreu m'endinso, arreu, i veig la dona
colonitzada.

Surto a la plaça i contemplo la dona,
salto parets i, al clos, trobo la dona,
alço els ulls als balcons, i hi veig la dona
vetllant la vida.

La veig amb davantals plens de paraules
menudes, confinades al misteri...
en l'olor dels lilàs; en la bugada
contradictòria

de suor muda i somnis engrunats
al fons de les butxaques. Vella obrera
de l'amor i del goig al taller obscur
de cada casa.

La veig amb cicatrius que no guareixen.
L'he vist exiliada del seu cos,
la veig, però, amb els polsos plens de saba,
proa i escuma!

L'he vist vinclada sota el pes atàvic
del poder del seu ventre, usurpat,
mudat en servitud: fosca deessa
sense reialme!

I la veig sola. L'he vist com llescava
un pa pastat amb farina de mescla:
blat d'alegria i l'amargor dissolta
de la impotència.

La veig. Em veig en el mirall que em dreça
la meva imatge múltiple, que sóc
ona del llarg seguici de les dones,
mar enreixada.

No dem més ales al vol de la queixa!
No sentiu, a ple cos, com brolla l'herba?
Enderroquem les tanques que l'enclouen.
Esventrem límits.

Baixeu, veniu a la dansa futura
que s'obre, verda, amb aires de revolta.
Plantem ja l'arbre de l'alliberament,
vestim-nos d'heura.

Iniciem la Història. Acabem
amb el segrest de l'aigua i amb l'imperi
del foc i el ferro. Inundem-nos amb fulles
de la tendresa!

Bastim el sol de l'energia dolça!
Salvem el dia i que l'hora s'enrami!
Que el canvi dugui arracades de festa,
tabals d'aurora!

Recuperem l'orgull de dir-nos dones!
Contra corrent, tramuntant els orígens,
el nostre ventre serà un arc: la fletxa
serà la vida.

II

Dones, baixeu, veniu
a la dansa de l'herba.
Enramem els balcons
i preparem la terra.
Reguem-la amb pluja i sol,
defensem-la amb les dents,
perquè hi arreli l'arbre
de l'alliberament.

Sembrem-hi la llavor
i el verd de la tendresa,
el blat de l'enrenou,
l'aventura i la menta
i quan neixin els brots
cridem-ho a tots els vents,
perquè s'espigui l'arbre
de l'alliberament.

Vestides en saó
de la revolta encesa
al cim dels campanars
desplegarem banderes,
banderes sense orgull,
color de goig novell,
perquè floreixi l'arbre
de l'alliberament.

Aviarem coloms
per encetar la festa

i inventarem camins
en cels sense fronteres.
Arreu tindrem hostal,
farem convit arreu,
amb la fruita de l'arbre
de l'alliberament.

6 de juliol de 1980

## EIVISSA 81

La lluna s'aturava: gran rellotge de sal
al cim de l'ona oberta al trànsit tardoral.

Les busques senyalaven una illa. I endevines
batallades, l'amor en punt a ses Salines.

La ciutat era un solc: nosaltres la llavor
del goig, esbarriada per l'alta salabror

d'un desig. Vàrem caure al cor de sa placeta
des bon aire, cenyida per l'hora violeta,

a trenc de sal. De sobte s'esbatanà una tanca
amb flors de sal descloses en una sola branca.

I la casa ens xuclà, com un secret que s'obre
a qui repta l'esglai pels camins del salobre,

fins on la cambra, fonda, nua com una mà
ens prenia, i la sal, entre els llençols granà.

I, cos endins, l'esclat de la fruita badada
era fosca pastura de sal incendiada.

(Enyor, enyor, com corques, encara, el teu regal
mesquí: cendra de fruita en un estoig de sal!)

## LLENGUA A

Em parles català i els teus ulls, conjugats
amb verbs d'amor, capgiren de tant en tant les normes.
Amor, no vull mai més perfecció de formes
si no hi trobo el teu deix que alia llibertats.

Amb mots metges la nafra mortal que un vent salvatge
—*Imperio* en llengua morta que no és pas la teva—
m'obria terra endins. I amb veu, amb sang romeva
t'endinses en la carn que endurava l'ultratge.

Em parles català i el meu desig s'ullprèn:
pel teu gest solidari que no demana ostatge,
per la teva arrel viva que es torç, exiliada.

I és per això que espero sentir, quan tot s'encén
i tota brida cau, als confins del viatge,
un *te deseo,* així, amb essa de Granada.

1982, per a un homenatge a Sanchis Guarner

## CANÇÓ DE TARDOR

Com diria el tremolor
de la tardor quan venia
amb estols de mocadors
fent adéu a trenc de dia,
amb les butxaques del vent
plenes d'ombres corferides,
amb els arbres descofats
i el Montseny amb mantellina.

Bon dia, temps de trasbals,
que un món neix quan l'altre fina.

Si l'oreneta se'n va
els pinsans suara arriben,
caderneres i verdums
i lluers que s'arraïmen,
passerells de pit vermell,
quin ram pel cel sense fites!
Adéu, estiu abillat
amb fulles noves de trinca.
Quan el verd trenca el color,
adéu les hores florides!
Tristesa, no colguis no
el meu cor sota la brisa.

Bon dia, fulles d'aram,
que un món neix quan l'altre fina.

1982

## UNA ALTRA FEDRA, ENCARA

*A X. P.*

¿La teva joventut tindrà les mans
prou grans per abastar la meva pena
i amoixar-la, com un cadell rebec,
perquè respecti els límits, perquè acati
el bleix de primavera que se'ns endú, vibrants?
Amic, no vull el ròssec del fat sobre els teus anys,
ni el camí que no fou, ni la recança
d'un país que et pertany, constel·lat de cruïlles
encara per saber, de fites abastables
sols amb ulls sense enyor. Fuig del llast dels meus ulls
per massa temps esclaus de les meves petjades,
intèrprets obstinats de senyals obstinats
a arrapar-se als meus peus. Fuig del meu cor, voraç
de tanta primavera a la deu dels teus llavis;
vampir del teu batec, del teu orgull de príncep
a qui no cal vassall per coronar el desig.
Fuig dels meus mots, tan vells quan cerco d'estimar-te
on tot renaix, on l'hora renova la semença
del verd i obre la porta a fulles exaltades,
a la saba que imita la sang adolescent.
Dóna'm un mot, només, de la teva escomesa
que agenolla les ombres al teu pas, ignorant
encara de l'atzar que t'assenyala límits,
del fer i del desfer que van teixint la pena
i desteixint-la sense saber mudar camí.
I pren aquestes mans, qui sap si prou menudes
per perdre's dins la teva joventut.

Primavera de 1982

## TRIAR

*A l'Heura*

Tu no vas triar pas
d'encertar-me amb el dard
de la teva escomesa
contra el buit. Ni de ser
sovint aquest gran gep
incrustat en la carn
que em blega, insidiós,
amb la seva ombra sempre
present, com si de cop
s'haguessin trasbalsat
tots els confins i ja
no sabés on començo
ni on acabo. Tu
no vas triar, tampoc
d'ésser aquesta glopada
de sol esbatanat
que em sobta, a plena boca
sovint, aquest foc nou
que em parla al fons dels ulls
quan et fan de mirall
i a través teu eixamplo
l'atzur, cavo jardins
ençà i enllà del mur
que ens divideix i ens fita.
Tu no vas triar pas
d'afegir-te a aquest circ
on les rialles sagnen
i on vells funambulistes
percacem vells estels

inabastables. Tu
no vas triar la barca
ni la vela ni el rem
ni lluna ni sorral.

Però jo sí: jo vaig
gosar poder triar.
I el bleix contradictori
d'aquest camí que fem
de costat fins que tu
triïs, sense retop,
no és l'estigma fosc
o lluminós d'un fat
inapel·lable, extern:
el ganivet, la joia
—de doble tall— suspesos
sobre el meu cap sóc jo
qui els he triat. Mai no
podré fer-ne una culpa
esmolada en secret
per disparar-la contra
l'absurd o contra tu
—fosos en una sola
moneda sense cares—.
Tu, que et vares fer carn
dins meu sobtadament
com l'hoste que ha vingut
sense avisar i invoca
lligams atàvics, velles
lleis, pactes segellats
sang contra sang. Llavors,
tapant-me les orelles
per no sentir-te, vaig

triar. Sola, d'arrel,
vaig deixar que pugés
la saba, lentament,
a mesura que obria
les portes i s'inflaven
tot de veles: la mar
que envaïa la casa.
Sola vaig dir-te: creix.
I, pas a pas, sabent
que ens duien els meus peus,
vaig gosar créixer amb tu.

1982

# LA GERMANA, L'ESTRANGERA

(1981-1984)

# TERRA DE MAI

¡Amor de Siempre, amor de Nunca!
FEDERICO GARCÍA LORCA

Que saisir sinon qui s'échappe,
Que voir sinon qui s'obscurcit...?
YVES BONNEFOY

...conèixer-te en el que m'és fosc de Tu.
CARLES RIBA

## ADVERTIMENT

Aquestes sextines són més deutores de l'esperit amb què Joan Brossa s'ha llançat a la investigació sobre les possibilitats de l'estrofa, que no pas del mateix Arnaut Daniel, a qui, tanmateix, vull retre homenatge.

He prescindit, conscientment, d'algunes convencions, al meu parer secundàries, de la sextina medieval (per exemple, l'obligatorietat del final en paraula plana o la preferència que les paraules rima siguin substantius...) i m'he quedat amb allò que crec essencial i que fa que vagi més enllà d'un pur exercici d'enginy: l'estructura recurrent, cíclica, que fa progressar el poema amb un constant retorn i replantejament dels seus termes inicials. I, d'altra banda, l'estímul lúdic que ofereix la combinatòria de les paraules clau en contextos diferents i, per tant, la multiplicació de les seves connotacions.

A més, en alguns casos, hi he afegit altres convencions (rima, polimetria, polisèmia...) que, no cal dir-ho, resten subordinades a aquesta estructura bàsica.

## SEXTINA-MIRALL

Cap foc no s'arbra com tu dins la terra,
dins de l'espai atònit del meu sexe
on es dreça el deler contra la runa.
Lluny dels topants que defineix l'espasa
l'ombra i l'atzar s'abracen i creix l'hora
arrapada a l'arrel d'aquest gran arbre.

Arrapada a l'arrel d'aquest gran arbre,
cap foc no s'arbra com jo dins la terra.
L'ombra i l'atzar s'abracen i creix l'hora
dins de l'espai atònit del teu sexe,
lluny dels topants que defineix l'espasa,
on es dreça el deler contra la runa.

Em vesteixo de no, contra la runa.
Em vesteixo de sí i afirmo l'arbre.
Renego vells confins que clou l'espasa
i, al cor de la revolta de la terra,
convocant tots els verds en el teu sexe,
reafirmo l'esclat urgent de l'hora.

Reafirmes l'esclat urgent de l'hora.
Et vesteixes de no contra la runa.
Convocant tots els verds en el meu sexe,
et vesteixes de sí i afirmes l'arbre.
I, al cor de la revolta de la terra,
renegues vells confins que clou l'espasa.

L'amor és una dansa sense espasa
quan cap rellotge no marca cap hora.
A l'aiguaneix del dia i de la terra
s'alça, maial, la lluna sobre runa.
M'escrius el nom a l'escorça de l'arbre
entre foscants, a l'areny del meu sexe.

Entre foscants, a l'areny del teu sexe
l'amor és una dansa sense espasa.
T'escric el nom a l'escorça de l'arbre
quan cap rellotge no marca cap hora.
S'alça, maial, la lluna sobre runa
a l'aiguaneix del dia i de la terra.

Tu i jo i la terra que anomenem sexe
colguem la runa i corferim l'espasa.
Triomfa l'hora entre la sal de l'arbre.

## SOLSTICI

El teu sexe i el meu són dues boques.
No sents quin bes de rou sobre la molsa!
Quin mossec amb lluors d'ametlla viva!
Quina parla, amb rellent de gorga oberta!
Quin ball, petites llengües sense brida!
Quin secret de congost! Els nostres sexes,

amor, són dues boques. I dos sexes
ara ens bateguen al lloc de les boques.
A esglai colgat, fos l'eco de la brida
que domava la dansa de la molsa,
de bat a bat tenim la platja oberta:
avarem-hi el desig d'escuma viva.

El teu sexe i la meva boca viva,
a doll, trenats com si fossin dos sexes,
entremesclen licors de fruita oberta
i esdevenen, en ple desvari, boques.
Boques, coralls en llacuna de molsa
on l'hora peix l'atzar i perd la brida.

Som on l'hora i l'atzar perden la brida,
on, a cavall de la marea viva,
llisquen sense velam, pels solcs de molsa,
el meu sexe i la teva boca: sexes
al mig del rostre i a l'entrecruix, boques.
Tot és un daltabaix de sal oberta.

Castells de mar en festa, a nit oberta
esborren signes i donen la brida
de tot a la follia de les boques.
Qualsevol fulla morta es torna viva
al clar del sol que ens fa llum negra als sexes
i pinta de carmí flames de molsa.

Que cremi tot en un torrent de molsa
i que ens mauri la nostra saba oberta!
Que facin el solstici els nostres sexes,
que el cor transformi en pluja tota brida!
Que esclatin els bancals en saó viva!
Que els boscs floreixin en milers de boques!

I que les boques facin que la molsa
arreli, viva, com la pell oberta
sense brida al mirall dels nostres sexes!

## LA FESTA DE LA SAL

Tu i jo som aire que estalona el foc.
Som aigua oberta que esmola la terra.
Som terra espessa que s'allera en l'aire.
Som foc que imanta amb arrels noves l'aigua.
Tu i jo, amor, avui som tot el món
congriat en la festa de la sal.

Han trobat el seu lloc el pa i la sal
i la por no ens allunya de cap foc.
Rebem, com a penyora, tot el món:
fora del nostre abast, ni un pam de terra,
ni un bri de verd, esgarriat en l'aire,
ni un bri de blau, dissolt al clar de l'aigua.

Ni un ram de nit, perdut pel fosc de l'aigua,
ni un glop de mar, colgat sota la sal.
L'urc del desig fa el ple al grat de l'aire
i torna lívides herbes i foc.
Amants, parem el jaç damunt la terra
i ens fan de cambra boscos d'aquest món.

Som d'aquest món, però encetem un món
que endevinem amb els sentits de l'aigua.
Ens creixen arbres com si fóssim terra
i se'ns arrapen vives flors de sal.
Cremem i alhora transformem el foc
en energia dolça i en bleix l'aire.

Veus de desig fan que es capgiri l'aire
i escampen tretze vents arreu del món.
Ens abracem amb les plomes del foc
i mesclem l'ona com si fóssim d'aigua.
Ens batega a la boca un cor de sal
que obre finestres noves a la terra.

Quan fem l'amor, se'ns assembla la terra.
S'espiguen, altes, les branques de l'aire.
Cristal·litza la pena de la sal
i una alegria d'heura pren el món.
No hi ha paranys en el sexe de l'aigua
ni tirania en la farga del foc:

Som amb el foc al centre de la terra,
brollem amb l'aigua i alenem amb l'aire.
Fem rodar el món a l'era de la sal.

## ON S'ESBALÇA LA BARCA

Diré el que més m'agrada de tu: barca,
llengua, tendresa, ulls, genives, cingles,
dents, duna, pena, lluna, pit, oratge,
natges, somriure, dits, desig, cintura,
pell, arbre, boca, cabells, risc i ventre,
foscor, follia, raó, rella, sexe...

Tot s'arbra com un tot dins el meu sexe
i em pren amb rems i veles, vents i barca.
Tot s'esquera a ple brull i m'omple el ventre
i en un crit de verema amara els cingles.
Res no calla, amb la dalla a la cintura:
tot neix i els pits donen llet a l'oratge.

Hi ha una deu fosca on em xucla l'oratge
per nodrir-te quan fem nit al meu sexe.
Venim del teu, pel gual de la cintura,
i parem festa on s'esbalça la barca.
Quanta tendresa rodola pels cingles
i aviva els dits a l'areny del teu ventre!

Com em tempten els marges del teu ventre
on cireres de llop i de l'oratge
criden els llavis i convoquen cingles
i encenen el somriure del meu sexe.
Volen els fruits, llavors a flor de barca,
i troben solc i pena a la cintura.

Saó de lluna solca la cintura
quan el desig pren l'horitzó del ventre
i salpa la raó de duna i barca.
Creix la sal als cabells i creix l'oratge,
creix l'arbre i se m'abraça com un sexe
i la remor de bosc desborda els cingles:

Remor de bosc en les ones dels cingles,
remor de dents on parla la cintura,
remor de llengües en foc i en el sexe,
remor de sègol en la nit del ventre,
remor, follia de geniva, oratge
quan t'endinses en mi, amb risc i barca...

Remor de tot a la barca amb què em cingles
quan faig d'oratge a la teva cintura,
boca al teu ventre i rella en el teu sexe.

## SEXTINA DELS SIS SENTITS

Diré besllums de l'olor de la poma,
la trena dels colors a la geniva,
el deliri dels dits llepant la molsa,
la música dels ulls, com un carboncle,
el cor del sexe, obert a la mirada:
tu, que ets avui el meu sisè sentit.

Tots els sentits avui tenen sentit
en tu i en mi i en la pell de la poma
que encetem amb saliva a la mirada,
que flairem amb orelles i geniva.
Àvid d'avencs, l'amor és un carboncle
vibrant sota els dits tebis de la molsa.

Daus de mirall multipliquen la molsa
al jardí extrem on res no va en sentit
contrari, i on amb força de carboncle
triomfa la veu vella de la poma,
i la serp del desig, a la geniva,
exalta els ulls, l'olfacte i la mirada.

Tempto, amb la serp, els calls de la mirada
i enlairo les banderes de la molsa.
Reptant, pel nus dels vents i la geniva,
dins de tu trobo i sento el meu sentit.
Tot astre roda a l'encalç de la poma
que pren l'atzar amb flama de carboncle.

Carboncle als cims, i, al fons del pou, carboncle,
quan véns, amb dents i llengua a la mirada,
i culls tot el plaer, com una poma
assaonada. Sents? Sobre la molsa
la mort sols és un nom sense sentit
quan m'escoltes l'olor amb la geniva.

I la nit se'ns desferma a la geniva,
als ulls, al sexe, amb creixent de carboncle.
Els llavis toquen besos de mirada
que es fon i, ardent, l'orella no ha sentit
res que no sigui verd sabor de molsa
i palpa el goig que llampega a la poma...

Quan dic la poma ullpresa a la geniva,
tacte de molsa i flaire de carboncle,
amb la mirada xuclo el teu sentit.

## MAI

M'endinso pel paisatge del teu cos
i em trobo quan l'amor et fa de plata.
I, al punt on Mai comença a ser el teu nom,
se'm menja viva el teu mirall voraç,
i jo et menjo, i em menjo el teu desig
i el meu, que em fiblen amb dents de tempesta.

No vull tornar salva de la tempesta
que trenca límits pel sud del teu cos,
on horitzons extrems criden desig
i estimben astres pel séc de la plata.
Em sé malalta d'espera voraç
emboscada en l'oratge del teu nom.

Aquest amor em diu que no tinc nom
fora del que em gravava la tempesta.
Duc a la pell el teu senyal voraç
a pit obert: cap escut no pren cos
on fulgura el meu cos, a trenc de plata,
amb l'aurora nocturna del desig.

Mercè de sal a mercè del desig,
per l'esglai sense platges del teu nom,
duc el meu cor pres en xarxa de plata,
com un gran peix, nàufrag de la tempesta.
¿Trobarà mar, pels camins del teu cos,
o morirà dins del meu cos voraç?

Em sento, ara més que mai, voraç,
quan em faig amazona del desig.
Herba i remeis de lluna perden cos
contra l'ombra que m'enverina el nom.
Sense triaga, a glops, bec la tempesta
i t'ofereixo mars en una plata.

Mai i mirall, vius en plata de plata,
oferts al foc del meu desert voraç,
trenquen als llavis i en molls de tempesta
i rodolen pel cingle del desig
on el teu cos i el meu fan un sol nom,
on el meu nom i el teu fan un sol cos.

Diré el teu cos com un conjur de plata
i reptaré el teu nom d'avenc voraç
amb el desig hissat sota tempesta.

## LABERINT

Diré totes les herbes de la terra
que et poblen: de neguit i de metgia.
Les que menen al ball fosc i a les bruixes,
les que encenen els llavis i la casa,
les que allunyen vampirs i la que els porta,
la que emmetzina el nom de la triaga.

¿La teva sal, amor, serà triaga
per al desig que adoba tanta terra?
No trobo, al laberint on sóc, la porta
de sortida ni, al meu desert, metgia.
Sàlvia i ruda al porxo! Vull la casa
oferta a la serena de les bruixes.

Vull, en taula i en jaç, festa de bruixes
i una finestra amb aire per triaga!
Les teves herbes, veus?, alçant la casa,
frígola, orenga, moraduix el terra,
heura i saüc el sostre, i la metgia
del teu cos bru, que esbatani la porta.

Que el teu cos bru m'esbatani la porta,
i el meu s'endinsi pel call on les bruixes
amaguen, sota clau, tota metgia,
filtres d'oblit, l'atzar de la triaga...
No vull res més: els peus dins de la terra
i el meu amor i el teu fent una casa.

Quin bosc m'allunya o m'atansa la casa?
¿Quins camins fan drecera fins la porta
i quins marrada? ¿Quin pany viu de terra
donarà pau al deler de les bruixes?
Bec verí dia a dia per triaga
i em jugo als daus si m'ets o no metgia!

Absurdament vull trobar la metgia
en clar o en fosc, on el cel ras m'és casa.
Rebutjo, amb urc, viratges de triaga
i l'ombra absent que m'espera a la porta.
«Tot o res» gravo al codi de les bruixes
i ja no sé fugir d'aquesta terra.

D'aquesta terra, amor, on la metgia
té doble tall, i bruixes sense casa
cerquem la porta on grana la triaga.

## EL CORB ABSENT

Diré el teu cos, llibre de meravelles,
romeva del teu nom i dels teus signes,
analfabeta de l'enllà que em fita
des del desig i de l'ençà que grua
entorn de tu i de la mar en lleva,
deixebla del neguit que fuig d'escola.

Diré el plaer on el meu nom s'escola
quan, amb sentors de lluna, meravelles
el tacte de les coses. ¿Veus com lleva
l'àncora la fruita que tu signes?
Sóc el ròssec de foc d'aquesta grua
que en el seu gest inscriu l'única fita.

Diré els sentits amb què l'oratge em fita
a nord i a sud, i on el meu cor va a escola.
Surto de fosc, quan el rellotge grua
per abastar reclams de meravelles.
S'esgarrien les busques, sense signes
ni port, on l'alimària fa lleva.

Diré la pluja i el terrer que lleva
fletxes de sal que del teu món fan fita.
I diré versos del color que signes
amb els teus ulls i el joc que s'hi escola.
I el celatge jussà amb què meravelles
pou i brocal i el bleixar de la grua.

Diré l'atzar revolt que tot ho grua
i arrenca a préstec, a la lleva, lleva,
del séc de la tristesa meravelles,
i aigua de l'erm. Diré el mirall que fita
els dubtes que fan runa de l'escola
i el signe obert que multiplica els signes.

Et diré, Mai, com sagnes i com signes
el corb absent i el pas breu de la grua,
l'esforç vital de l'hora que s'escola
sense saber si lleva o si no lleva.
Et dic, amor, que a res no poses fita
i del teu mateix urc et meravelles.

(Terra de meravelles on els signes
granen: et fita, tenaçment, i et grua
l'orb fora lleva que clou tota escola.)

## DE PARAR I DESPARAR TAULA

Amor, saps?, tot avui, la meva porta
frisant per fer-te pas s'obria sola.
S'han omplert de viandes plats i taula.
Tot resplendia en els cristalls de l'aigua.
El julivert s'ha refet. (El rellotge
toca les cinc. Vindràs?) Tota la casa,

avui no sembla la mateixa casa.
Creix l'orenga i s'enfila per la porta.
La fruita accepta el repte del rellotge.
(Ja ho sé: les sis, i encara parlo sola!)
A l'aigüera vessunya un somni d'aigua
i plou desig a raig sobre la taula.

Amor... (Les set: no véns. Sota la taula
s'amaguen els neguits. Fora de casa,
la tristesa!) Quin goig els dits de l'aigua
acaronant rajoles! Pany i porta
com floriran quan tu arribis! Sola-
ment vull que calli aquest rellotge.

Toquen dos quarts de vuit. Sóc el rellotge
que amb minuts i segons paro la taula.
Toco les vuit i, del cap a la sola
de la sabata, sento que la casa
ja no sé si és meva. Per la porta
fuig, enyorat, el cor desfet de l'aigua.

Toco les nou i les deu, i sóc l'aigua
gebrada a les agulles del rellotge.
Amunt i avall ja no sóc jo qui em porta.
Per encobrir neguits ja no tinc taula.
Trenco el mirall i em rediu que sóc sola.
Puja el desig i clivella la casa.

Per les escletxes, veus?, fujo de casa,
raiera d'aquest foc que invoca l'aigua.
(Vindràs quan morirà l'hora més sola?)
La fruita perd l'aposta amb el rellotge
i la tardor fa el ple damunt la taula.
Res no troba sortida per cap porta.

La nit truca a la porta i ve ben sola:
desparo taula i nego dins de l'aigua
desig, rellotge, orenga, plats, cor, casa.

## SEXTINA REIVINDICATIVA

Amor, ja que m'has dit que et digui què
vull, t'ho diré ben clar: contra l'horari,
el meu desig reivindica el lleure
total, i tu i el teu desig per paga,
pujar parets d'amor per tot ofici
i pintar de diumenge la setmana.

Ja ho sé! Tot no pot ser caps de setmana
i postes de sol. Sí, ja ho sé. I què!
Deixa'm clamar, adolescent d'ofici,
per la mort violenta de l'horari
per mà d'amor. El meu desig, cap paga
no vol, si posa duanes al lleure.

Vol construir amb els maons del lleure
un recer que alliberi la setmana
de deutes amb raons de seny i paga.
D'utopies possibles sap el què
millor que tu i que jo i que l'horari
que fon la primavera amb ginys d'ofici.

Veus? Sense benefici i sense ofici
que no sigui mudar treballs en lleure,
el meu desig marca el seu propi horari
a l'escorça del foc: una setmana
sense confins que oblidi el com i el què
i en els topants fressats no trobi paga.

Amor, ja ho sé, que ens cal una altra paga
per viure! I que ens agrada el nostre ofici...,
i estimar d'altra gent. Però, saps què?,
el meu desig reivindica el lleure
total i consagrar-te per setmana
tant de temps que no em cap en cap horari.

Da-li! Ja entenc que em parlis de l'horari
i que els teus ulls em besin com a paga
i senyal del que em deus d'una setmana
eterna sense tu..., que el teu ofici
et segresti, voraç...: no em dóna lleure,
però, el desig demanant-me per què,

amor, per què ens escapça el vol l'horari,
confina el lleure i, per ben poca paga,
amo d'ofici, ens roba la setmana?

## SEXTINA REVOLTA

—Amor, ¿quina ombra aixeca barricades
al pas de l'ona en festa? ¿Quina lluita
abrusa els teus carrers? ¿Quin tren escala
el cos balb de la por i obre la mina
dels teus ulls i l'explora? Tot de besos
calquen pasquins al séc de la revolta.

—Deixa'm, amor! Tinc la casa revolta
i el cor per endreçar. Faig barricades
amb deixies d'hivern, runa de besos.
I ofego en el pantaix d'aquesta lluita
menta, desig i el corc tenaç que els mina.
No ho veus? El corb s'ha aturat a l'escala

de casa.
—Vine, amor! Farem escala
en un port on la brisa i la revolta
de l'herba trobin deu i trobin mina
i, nuant-se, desnuïn barricades
ermes. No vull l'amor amb nom de lluita.
El vull peu nu i desarmat pels besos!

—Amor, damunt del llac, fòssils de besos
sagnen. No puc abandonar l'escala
d'emergència que dóna a la lluita.
El teu imperi em demana revolta
constant i, així, remunto barricades
i cavo valls i avencs vora la mina.

—Vora la mina dels teus ulls, la mina
del desig, de l'aram, del bosc, dels besos,
amor, no sobreviuen barricades;
l'esglai perd el seu rastre per l'escala
que abasta el cim dels arbres en revolta
primaveral.
—I, tanmateix, la lluita

no cessa, amor, i tota jo sóc lluita
perpetuant, potser —i el dubte em mina—
l'assaig improvisat d'una revolta
que ha de morir, tot d'una, a cop de besos,
vent boig que estimba els dies per l'escala
i imita, amb murs de fulles, barricades.

—Amor, les barricades i la lluita
oblidaran l'escala de la mina
quan, dins, els besos facin la revolta!

## EN RIBA D'EXILI

Amor, per allunyar mals esperits, en riba
d'exili, faig braser de besos i de menta
i tatuo, amb l'absenta
del desig, l'entrellat del cor i la geniva,
i em torno amagatall per mantenir captiva
l'ombra que m'alimenta.

Amor, avui la set m'escola i m'alimenta.
El fum dibuixa rius que em deixen a la riba
i, entre còdols, captiva
del color, de l'olor, del sabor de la menta
em brotes amb cremor secreta a la geniva
—absència i absenta.

Amor, el cel s'exalta en lívids focs d'absenta.
L'engruna de la festa ja closa l'alimenta
amb sang a la geniva.
I, ja sense esperar-te, t'espero a l'alta riba
de la nit, embriaga d'estrelles, verd i menta
i del meu bleix captiva.

Amor, quin parany d'aigua i de barques em captiva
a contra llei, quan sento que la lluna s'absenta
del meu bosc i la menta
treu fulla escassa al sol, i el dol se n'alimenta.
¿Quin brell convoca esbarts de grues, sense riba,
i fruits, sense geniva?

Amor, ¿quin mal enyor em brida la geniva
i en gàbia de boira i verí tanca i captiva
els arbres? ¿Quina riba
lleva esponera amarga en un desert d'absenta?
¿Quin plaer, ja colgat, t'abilla i t'alimenta,
simulacre de menta?

Amor, tots aquests versos cremen besos i menta
per no encendre't a tu, miratge a la geniva.
I el ble que els alimenta
arrela en l'enderroc i en la passa, captiva
d'un retorn il·lusori a mars de sal i absenta
que desbordin la riba!

Amor, fujo: la riba, les mentides de menta,
esdevenen absenta que em grana a la geniva
captiva, i m'alimenta!

## L'ESCA DEL RETORN

De tota espera, amor, visc en exili,
reptant el desdesig. ¿Tindrà retorn
aquest tirany que enfila, lent, els dies,
i el vol de corbs, tibant, que estreny el coll
de l'alegria? Veus? La primavera
d'hivern s'ha fet mestressa de l'agenda.

Cerco en les fulles mortes de l'agenda
les vedrunes que m'han dut a l'exili.
Els teus ulls han vençut la primavera:
fins que li donis porta de retorn
duc el pes mort del meu desig a coll
i el colgo on moren, sense tu, els meus dies.

Deso el mirall on fan l'ullet els dies
que em disfressaven de festa l'agenda.
Vaig caminant amb la set fins al coll
cap on l'aigua emmiralla el meu exili.
Tot és no res: l'anada i el retorn
i se'm fa un nus al cor la primavera.

Nego les deus que adollen primavera
i els daus que glaça el trasmudar dels dies.
Refaig, tenaç, el cercle del retorn
al punt del meu amor, que no té agenda
ni rellotge i que s'arma —a cor d'exili—
sense oferir a cap destral el coll.

«Travessaré la carena pel coll
del teu desig cofat de primavera»,
afirmo a contrallum del meu exili
quan només tinc sorra al davant, i dies...,
quan giro cada plana de l'agenda
esborrant bé la tinta del retorn.

No pot callar, no, l'esca del retorn:
duc el senyal del seu ullal al coll.
He tancat bé les portes i l'agenda,
però ho clivella tot la primavera.
Amor, les hores estalonen dies
i triomfen exsangües de l'exili.

Amb sang d'exili signo el meu retorn,
quan, dejuna de dies, em ve al coll
la primavera, perforant l'agenda.

## L'ENGRUNA DE LA FESTA

Adéu, amor. ¿No sents com la campana
dóna caixa d'albat a aquest paisatge
que confegíem, arborant la festa
del desig i avivant el bleix dels boscos?
Ha arribat l'hora del verí: la copa
tempta la set clandestina de l'ombra.

Tots els meus versos s'intoxiquen d'ombra
enverinada. Dalla la campana
la molsa de l'atzar. Alço la copa
i, veus?, pol·luciona el meu paisatge,
on vius, absent, flama i fusta de boscos
malalts, i on res no vetlla per la festa.

Se'ns ha fos a les mans: era una festa.
I ara, qui ho sap!, els esquinçalls d'una ombra?
També se'ls glacen els polsos als boscos
i un fil de seda escanya la campana.
L'esparver, mut, senyoreja el paisatge
on intentàvem compartir la copa.

La sal amarga el pòsit de la copa.
El teu cos era el meu i el meu la festa
del teu. Ara, amb ranera de paisatge
civilitzat, veiem com lleva l'ombra,
com s'ajoca la pena a la campana,
com el neguit escorxa en viu els arbres.

Guaita, el mirall amb marea de boscos
atònits feia el ple de rel a copa:
cada arbre era un inici de campana,
cada bes era porta d'una festa.
Ara no puc foragitar-ne l'ombra
victoriosa que nega el paisatge.

Adona-te'n, amor: no hi ha paisatge.
Un vent desert ha espoliat els boscos.
Sóc solidària de tu i de l'ombra
que fas en mi: m'exilio amb la copa
mortal. Que les tovalles de la festa
no s'ensagnin amb rastres de campana!

No hi ha campana per refer el paisatge
ni verd de festa per pintar nous boscos.
Trencant la copa, almenys salvaré l'ombra?

## L'OMBRA DE L'ALTRA FESTA

Bon dia, amor que triomfes de l'ombra
i obres foc nou al tomb de la campana.
Que t'arbres amb l'esforç de rel i copa
i, dau a dau, desmuntes el paisatge
de l'enderroc, i et fas mina de boscos
i de l'engruna en treus una altra festa.

Adéu, amor. Fa entrada l'altra festa.
Sabrem vetllar-la, a contrallum i a l'ombra?
¿Encertarem tots els camins dels boscos
i el secret sense atzar de la campana?
¿Un vol de fulles refarà el paisatge,
colgant l'esglai glaçat dins de la copa?

Bon dia, amor: compartirem la copa
i trenarem interrogants en festa.
Conjurarem els límits del paisatge
amb tints d'atzur i en destriarem l'ombra.
Desnuarem la pena i la campana
sense triaga que emmetzini els boscos.

Adéu, amor: ens emmirallen boscos
d'un món que cap sencer dins d'una copa!
Escolta el corb, al peu de la campana,
i el pas furtiu, com s'embosca a la festa!
¿Sabrem posar dogal al coll de l'ombra
que barra portes a un altre paisatge?

Bon dia, amor: hi haurà un altre paisatge!
Ja hi és, vibrant en el neguit dels boscos
que sura, amb veles altes, sobre l'ombra
i amb vi de rels abranda tota copa.
Hi és en la terra que convoca festa
rost amunt, per topants sense campana.

Adéu, amor: amb pluges de campana
l'eixut crida la ufana del paisatge.
¿Saps on comença el nom d'aquesta festa
que, a pes de braç, durem al cor dels boscos,
on s'eixampla la boca de la copa
i el verd no deixa ombra sobre ombra?

Bon dia, amor: ¿quina ombra de campana
adollarà a la copa del paisatge
boscos i bes i solitud en festa?

Primavera d'hivern, 1981

# LA GERMANA, L'ESTRANGERA

## I
## EN EL DESIG CICATRITZAT I EN L'OMBRA

*A l'Heura, és clar!*

*La carn, sense paraules,*
*davant de mi i en mi.*

*I jo que havia llegit tots els llibres.*

T'he engendrat amb dolor,
t'he parit amb plaer.
Per dir-ho he d'estrebar
l'arc de cada paraula.
Tot el llibre és en blanc
i els camins invisibles
que he deixat rere meu
se'ls ha menjat, rabent,
el caragol del temps.
Però sé què no sé.
No t'engendrà l'espurna
que encenia el meu bosc
furtivament, de nit,
per l'angoixa entreoberta,
com un lladre, i llençava

la clau al fons del mar.
No, la serp del meu sí
silenciosament
va reptar, gorga endins,
i va obrir sense clau
tots els panys, amb grinyol
de tenebra eixorbada,
al foc, al mar, als vents,
a la terra i a l'heura.
T'he engendrat amb dolor,
t'he parit amb plaer
de fletxa a trenc de sang.

Com eixida de sobte del capell
—Tot Buit— del Gran Prestidigitador
m'aparegueres
                    viva
                         entre les cuixes.
No hi feia res que jo t'hagués ofert
el meu ventre per fer de doble fons
        com la llana més flonja,
                                    com un guant
        que emmotllés, ben fidel, el teu creixent.

        (I ara la pell, sovint, em va baldera.)

Ni tampoc que la màgica vareta
fos el meu nom, absolut i tallant,
forçant l'espai, entre els queixos serrats
dels vells cavalls de l'ordre.

        (I ara, sovint, el nom se'm fon, sota la sang.)

Ni el salt mortal sense xarxes que em duia
a l'altra banda de l'estranya pista
mentre el món, dins del meu cos obert,
era un cor desbocat, com si una mina
sobtadament dinamitada
adollés el seu riu subterrani,
vius metalls missatgers del pou més cec.

        (I ara, sovint, camino ran de terra.)

No hi feia res: de tot se'm destronava
a favor del Prodigi insurgent,
brillant usurpador que m'arrencava,
d'entre les cuixes, clos, el teu secret.

No ets tu, llevadora,
qui m'has llevat la vida
que s'arraulia sota
del meu vestit! La pell
que ara em va tan baldera
és la muda, només,
de la serp que s'allunya
a l'altra banda, sense
tornada ni retop.

Com si un tauró m'arrenqués una mà
i tot seguit l'escopís a la platja
i ella mogués els dits per manaments
estranys als de la meva voluntat
i ja no obeís més el meu cervell
—tal com el cap del gall decapitat
obre i tanca la boca i el cos corre,
esparverat, llunyà, sense retorn—,
jo contemplava aquell bocí de mi
esdevingut, ja per sempre, estranger,
i alhora imprès per sempre, a cor i a sang,
en el desig cicatritzat, i en l'ombra.

Hi és ell. I jo. Barrejats en un rostre
que estrena els tretze vents
sargits amb pluja nova...
I no hi som. Les tisores han destrossat l'arrel.
Nusos ratats. I una porta esbotzada.

Riu amunt ressegueixo en va tots els topants.
Tots els llibants trencats, les aigües desnuades.
Estellades les barques que intentaven un pont.
I, malgrat tot, confosos en un rostre, ell i jo.

I no hi som. És el freu que uneix i que separa
florit d'escuma nova: qui sap on és la deu?
La vida que ha calat xarxes en aquest tram
pren el que és seu i oblida qui és ell, qui sóc jo,
quin amor ha llançat daus vells a l'enforcall
i quin atzar va encendre l'atzar, d'espurna a bosc:
Tot ho colga el relleu continu de les fulles.

> Car si près que tu sois l'air circule entre nous.
>
> M. DESBORDES-VALMORE

Heura,
        victòria marçal,
                        germana
estrangera, de cop feta present:
Com desxifrar el teu llenguatge bàrbar
i violent que força els meus confins
fins a la sang, un repte que no em deixa
ni les cames tan sols per a fugir!
¿Quins ulls i quines mans —no pas les meves—
sabrien veure't com un tacte, sols,
com la bellesa feta carn, desclosa
sobre el meu ventre, sense interrogants?
No puc deixar d'enyorar les orelles
endevines que et caçaven la veu
quan només eres l'ombra d'un murmuri
de fulles altes, cos endins, desig,
senyals de fum de l'una a l'altra banda
del bosc, so de tabals, obert, llunyà,
colom amb bec en blanc, on jo inscrivia
l'alfabet vegetal del teu missatge,
poema viu que no urgia resposta
com ara aquesta que sé que no sé.
I malgrat tot t'anomeno victòria,
heura marçal, germana, l'estrangera.

Esgarip sorgit d'un pou
sense escala.

La corda que em podria
—potser— baixar la set
i els ulls fins al teu fons
—sense fons—
segada.

La lluna cuida
negar-se
dins del poal
vençut pel llast
del teu plor
—mútuament impenetrables
dels meus mots.

Però no: l'aigua no mor en l'aigua.

Per tu voldria anar
camí de Lil·liput
amb les alforges plenes
de cançons sense llei,
i trobar-nos al prat
on l'atzar és un rei
despullat, franc d'espasa,
de vici, de virtut.

Dues dents han deixat
un rastre de magrana
al meu pit, quan encara
tu no en tens per clavar-les
en allò que se't fon.

Aquest plaer sagnant
vol estimbar-me.
M'aferro amb força
a les paraules
que em permeten seguir
dalt la maroma.

El teu cos riu i riu,
esbojarrat a voltes,
d'altres maliciosa-
ment, per sota el nas.
D'altres només ensenya
una mica les dents
—d'un blanc enriolat—
entre llavis de festa
vermella. Adesiara
sols juga a riure, fins
que arriba el foc, i atia
tots els cavalls i se
t'enduen per camins
mai no fressats i els meus
dits cullen la rialla
desbridada i oberta.

I fins quan tens els ulls
mossegats per la pena
el teu cos riu i riu.

El teu dolor:
la meva culpa, en el mirall
—mirall, repte que imanta uns ulls
de cega que em retornen, nus,
còdols de fona
clavats al mig del meu dolor:
la teva culpa en el mirall.

La teva culpa:
el meu dolor en el mirall
—mirall, desert on interroga
els confins de la sorra, cega
endevina d'estralls,
obstinada i fidel, la meva culpa:
el teu dolor, en el mirall.

Un pètal de gerani
ha deixat el balcó
i, encara viu, trobava
els teus peuets de rosa.

(Quin caragol veloç
rosega, lent, les vores
d'aquest matí d'hivern,
vell sota pluja nova?)

Guaita, ja sobre el verd
resta només, color
de guspireig com fuig,
un rastre: aquest poema.

¿Quin sol desdentegat
em somriu des d'un món
que vaig conèixer fa
molt temps i que he oblidat?
Ocells salvatges s'han menjat les molles
que vaig anar deixant per fer camí.

Aquell taló que adés jo perseguia
per la mar encalmada del meu ventre
ara malda per trepitjar ben fort
els camins sense fita del matí.

Cadell enjogassat, manyac i esquerp,
que m'ensenyes les dents totes de llet
però amb les puntes vives i esmolades
sense escapçar, i els ulls de bat a bat,
rebecs cada vegada que t'assenyalo límits!
Com embridar-te si tu em fas tornar
al món indòmit, l'espai sense fites
on la lluita i el joc són u, i la sang
se'm fa petita com tu, i se'm desboca!
¿Com prendria el fuet del domador
que, malgrat tot, guardo dins de l'armari
entre d'altres disfresses i oripells?
Deixeu-me ser cadell sols un instant
i llençaré ben lluny, ben lluny les claus!

Petita guerrillera, sagitària
que apuntes lluny, portes enllà de casa,
reixes enllà dels braços que et cenyeixen
insidiosament, i amb nom d'amor
bategen els paranys de cada dia!
No els miris: cor enllà, mirall enllà,
ombres enllà, els meus ulls
han apostat per tu.

Sóc de dia l'obrera
del fat que alça muralles
entorn de tu, convicta
traïdora del teu
futur. Però de nit
sóc la mà temerària
que en mina els fonaments
i, conjurada amb tu,
juga als daus amb la mort.

Et fas amb les paraules
mestressa de les coses.
Unes i altres són
com joguines de vidre
entre les teves mans:
No et faci por la sang!

Tan petita i ja saps com és d'alta
la paret que no es deixa saltar!

I jo voldria prou fer-te esqueneta.

Qui és que m'omple les mans de maons?
Qui em fa dir-te les serps de l'altra banda?

Qui fa que engalzi vidres a la tàpia?
—Tu, lladre de la teva llibertat?

Tan petita i ja saps com és d'alta
la paret que no et deixo saltar!

¿Quin déu perdonaria
que el féssim mendicant?
Aquests ulls que ara em claves
com unes dents sé prou
què volen dir. Només
voldria que poguessis
esdevenir tan forta
per fer front a la mort
que t'arriba de mi
i no et calgués venjança.

—Ni a mi cap escut!

Ve la infanticida
pel mirall del fons.
Deixeu-li que canti
el seu fosc amor.

L'amor que corbava
el ventre ara buit
amb un somni d'aigua
al séc de l'eixut.

La seva sang xiscla:
vol alimentar
les venes petites
amb el seu allau.

La seva mà closa
estreny el batec
d'un ocell escàpol
—ostatge del vent.

I la boca viva
atia la dent.
—S'embosquen besades
a cada mossec.

Qui em dicta les paraules quan et parlo?
Qui m'incrusta de gestos i ganyotes?
Qui parla i fa per mi? És la Impostora.
M'habitava sense que jo ho sabés
fins que vingueres. Llavors va sorgir
de no sé quines golfes, com una ombra,
i em posseeix com un amant tirànic
i em mou com el titella d'una fira.
I sovint, al mirall, la veig a Ella
rescatada de no sé quina cendra.
No li facis cap cas quan Ella et parla,
encara que m'usurpi veu i rostre.
I si et barra la porta de sortida
amb el seu cos amorós i brutal
cal que la matis sense cap recança.
Fes-ho per mi també i en el meu nom:
Jo la tinc massa endins i no sabria
aturar-me al llindar del suïcidi.

## II
## SANG PRESA

Vénen mots que accelera l'assassí sense nom.

El meu cor, temerari, travessarà el carrer?

Hi ha un gos esquarterat, enmig de la calçada.

Pel mirall sense fons, color de sang com fuig...

Perquè he sentit el teu
bes de sang incruenta
—com la que bolca el crit
triomfant del nadó—
cloc els ulls per no veure
la tenebra vermella
quan les tisores, fredes,
segellin aquest part.

El teu desig engendrà el meu desig.
La negra melangia dels meus ossos
et va fer dea d'un desert ofert
a les dents vives de la primavera.
De sobte es capgirava el decorat
i el meu desig es menjà el teu desig.

M'he perdut set camins
pels camins sense fites,
m'ha rescatat set cops
la set, com un imant.

He esbotzat finalment
les set portes i l'urc
dels set estoigs hermètics
per abraçar-te, Mai.
I quan creia tenir-te,
sal de la meva sang,
presa dins l'orfenesa
dels meus ulls, dels meus dits,
intacte, empenyorat
pel temps amb fosca usura,
sols hi trobava un cor,
el meu, embalsamat.

## ÈPICA EN CAMP CLOS

Al cor del laberint desert,
museu de cendres,
set sarcòfags han clos
l'ossada del teu nom,
amor. I set muralles
he construït, encara,
entorn de la ciutat
cenyida per set rius.
El cànem de l'estepa
n'és embolcall, tesat
com un esglai, com l'arc
obert de la batalla.
Treu flama l'esbarzer
que no es consum. I, enllà,
l'aire tanca amb set panys
els confins del paisatge.

Com un lladre he forçat
l'horitzó. Cegament
he conjurat el foc
sagrat. I set vegades
set he vençut la por
d'assenderar les passes
erm endins. Sense guals
he travessat els rius.
Dau a dau, l'enderroc
dels set cercles de pedra
m'ha fet pas, triomfant
veïna de la mort.

He canviat set cops la pell com una serp
i encara repto entorn del marbre del teu nom,
esculpit tenaçment, m'enrosco entre els seus peus
i em faig minvant de lluna per fer-li pedestal.
Hostal parat a l'ocell sense rumb,
desafiant el temps que cau, segat,
mentre em creixen set voltes els cabells,
set cops el verd al capciró de boges
primaveres tal volta inabastables
que no saben temptar-me: gos fidel
al regust de la mort, servil escorta,
insensible a la pluja, al vent que xiula
i em vol empènyer lluny, ben cuirassada
rere l'ombra que em ferma, i els ulls fits
en la claror que falca el meu exili.

He canviat set cops la pell, com una serp.

L'aigua que fuig, és sols la meva set?
I el fruit que lluu, més enllà de la tanca,
¿és sols l'orbesa de la meva llengua,
la saliva, la dent i la geniva?

La pell que és lluny, són només els meus dits?
I el foc que se'm fa escàpol, el meu fred?
¿L'illa de Mai sols és el meu deler
viatger que ha arrelat a trenc de platja?

El teu sexe, és només el meu desert?
I el paisatge proscrit rere els teus ulls,
és la fosca avidesa dels meus ulls?

El Tot que es fon, és només el meu Buit?
I, inabastable en l'alta solitud,
la teva mar, sols el meu suïcidi?

M'he mirat al mirall i et veig a tu
—i no hi fa res que el trenqui en mil bocins—.
Ja no sé pas on són els meus confins:
Cada esvorall de vidre ens és comú.

I miro ara el pany de paret —nu
de signes, de paraules, de camins—
que resta al meu davant, feu de ningú:
No hi ha reflex que em xucli, nit endins.

La lluna absent signa aquest cel opac:
Sols brilla, a trenc de pedra, cicatriu
en forma de corbella, un rastre viu
de sang, que arrisca un suïcida escac

i mat a la teva ombra que sorgeix
fit a fit dels meus ulls i em repeteix.

Clavo l'arma al cor d'aquest mirall.
La sang abraça els teus-meus bocins.

Aquest enyor, al caire tallant d'un ganivet:
No l'osca el temps, ni el rovell no l'escanya.
L'esmolet passa cada matinada.
La meva sang no sap altre camí.

Seda i ònix, parany de melangia
on cau, fadat, el tacte del record!
D'ençà que ets lluny, el meu desig té port
on l'esfera del buit roda amb el dia.

Illa de Mai, cap on fidel faig via
a seny de llavi que no es vol estort:
Beso en la teva absència la mort,
i, en la festa escapçada, l'agonia.

Terra que palpo amb foc de pensament.
Batec que copso amb mans sense present.
Sal que desfermo amb llengua de follia.

Nit que mossego amb l'enyor de la dent:
El plaer em xucla, a l'arrel del turment,
la sang, que és només set que s'incendia.

I sé que ets tu, i sé que no ets tu
la sang que xuclo d'aquesta ferida.
Recordes? Menstruaven les estrelles
i un crit de primavera temerària
tacava els llençols lívids de la por:
ja cap lleixiu n'esborrarà l'empremta.
¿Recordes, lluny, l'escampadissa boja,
incruenta, bogal, roses enceses
del teu-meu sexe, entre la seda i l'ònix
—parany de melangies indomables:
Rellotge viu, contrallum d'hores foses
sense senyal, llunari i abraçada?
I ara que tu no hi ets, absurdament,
la sang se'm fa, absurdament, ferida.

No era d'aigua.
La ferida m'ensenya
que era de vidre
i mur, impenetrable,
el mirall que em xuclava.

Taula deserta.
Tovalles de neu.
Qui em nega el pa i la sang?

Un polsim de sang
—com sal engrunada
damunt la ferida—
damunt d'aquest àpat.

## NECROFÍLIA

Et j'aimerai ta mort dans la nuit de la mer.
RENÉE VIVIEN

He volgut fer l'amor amb el cadàver
d'aquella primavera mal colgada
pels còmplices volgudament maldestres
de l'assassí, comprats de sotamà.
Damunt la neu, per l'erm sense confins,
sense rastre de fita ni senyals
que assenderessin el meu pas, he fet
un camí blanc de roses torturades,
fressat només per l'ala de la nit,
fins a trobar-te: tu, l'ocell encara
convulsament agònic, sota els peus
de sanguinaris cavalls sense brida
que, folls, t'arrossegaven sobre el fang.
Perquè he gosat mirar-te fit a fit
i besar-te la boca sense bleix
perversament voraç, dent contra dent,
i enfonsar-te en la mort a cops de bes
i sentir-me vivent contra el teu glaç,
cec, em xuclava el teu mirall sagnant.
I ara els cucs rauen, sorneguers, la seda
erta dels meus ulls.

Víctima i assassí
van fer un pacte de sang
abans d'entrar plegats
en la dansa de la mort.

I així, després,
tot fou, només, un suïcidi.

Bon dia, nit. Obre bé la resclosa.
Nega total, mortal, la meva set.
Colga el cadàver de la primavera.
Dessagna'm, purifica'm, recomença'm.
I arbra'm de sal, des de la teva llum.

Una porta tancada
només em deixa
que hi estrafaci en ombra
les mans, la queixa

—ai, la clau, lluny, xuclada
per l'aigua espessa!

Qui pogués oblidar-la
—risc i promesa!
Però el desig em balma,
la set em nega

—ai, la meva mirada
dins l'aigua cega!

Dits d'aigua no desxifren
en l'escomesa
l'enigma nu, l'estigma
de la desfeta

—a la porta estellada,
rastres, sang presa!

Ja ho sé que no es pot ser
alhora jutge i part,
però el meu cor, il·lús,
ens cridava a judici
indestriablement,
com a imatges bessones,
tu i jo, la d'una banda
i l'altra del mirall.

Com que tu no acudies
—viaranys de l'absència
enllà, pròfuga il·lícita-
ment dels meus dominis,
sense cap esperança,
cap, d'extradició—
i la sang a les mans
em delatava, una
i altra volta, caigué
sobre meu la sentència
inapel·lablement:
L'executà l'amor.

## HYDRA

¿Què hi ha sota el teu rostre
que em fita amb ulls de pedra?
¿Quan gosaré arrencar-te
la màscara de carn
i fer front a l'obscur
mirall que em petrifica?

Ni que et vegi la sang a les mans
no sé fer-te culpable.

Sé que era l'assassí
disfressat de tu.

I és ell també que, ara,
em vol convèncer
i prendre'm la disfressa
de mi i apunyalar-te.

Tombo el tinter:
la sang esborra
l'ombra del teu nom
—la seva llum m'escola.

## BENEDICCIÓ

Et beneeixo perquè et diuen Mai,
tu, que escapçares l'urc desmesurat del nom
que em lluïa en el front. Tu, que, brutal,
assenyalares els límits de l'aire
als meus pulmons i, als meus ulls, de la llum.
I és per això també que et maleeixo.

Beneït sigui aquest mur alt i clos
que m'incita a escalar-ne l'espinada
i a fer-me d'heura per clavar-hi arrels
i a fer-me bomba que esbotzi les pedres.
Jo et beneeixo obstacle que te'm dreces
com un repte insurgent i inexpugnable.
I és per això també que et maleeixo.

Et beneeixo perquè no has volgut
ésser la còpia falsa del somni,
esquer fal·laç del lladre i l'envejós,
agulla que enlluerni en el meu pit
mentre, en el fons de tot, el cor sap prou
amb quin parany la vida ha estat vençuda.
I és per això també que et maleeixo.

Et maleeixo, Mai, perquè has vençut.
Perquè has sabut que sols triomfaries
llegant-me la teva ombra, en un record
que té la forma d'un estoig sagnant.
Perquè fugires deixant-me a les mans
la teva absència i una derrota.
I és per això també que et beneeixo.

¿Quina dent ha segat
el fil de seda blanca
fràgil, però tenaç,
que et feia ca fidel
de la teva ombra en mi?
Ara ja sense el llast
insidiós, servil,
la teva ombra pot fer-se
tirana dels meus ossos
i fins i tot clavar-me
—dins del mirall— l'estaca
al mig del pit, vampir
absolut, ja, de mi.

... by Abdication —
Me — of Me?
EMILY DICKINSON

Vaig abdicar de mi.
I et vaig fer a tu monarca
de les meves despulles
de tardor, la pell morta
de l'ombra.

Vas abdicar de mi.
I em vas deixar a mercè
de l'alta tirania
del vent, que va arrasar
els meus dominis
d'incert aram.

I el vent deixà el seu ceptre
a l'incendi, i el foc
prengué en les fulles ertes
i va extorquir l'arbrat
fins a turment.

I ara, guaita, la sang
com s'embosca en el bosc
maldant per rescatar
a contrallei les noves
arrels... però no sap
qui n'és el déu absent.

La teva ombra és la bota
sobre el meu cor
—regicida, conspiro
contra el record.

La teva ombra és la daga
dins del meu pit
—regicida, apunyalo
l'urc de l'oblit.

En va lluitava
a sang amb la meva ombra.
Tota cosida
d'imperdibles, l'albada
del coll d'un gall degota.

Sé que tu no ets l'ombra.
Existeixes enllà
de la vida que et dono
reflectint-te, endurant
aquest pes negre sobre
la murada de sang.

En tu quallava
el doll de les absències:
I era sang presa.

Aquests versos són ja
només sang presa
del gall que anunciava
l'albada de la festa.

I ara te'ls ofereixo,
fosc aliment,
perquè te'ls posis, àvida,
al mossec de la dent

i així esborris l'empremta
bàrbara del convit
i em resti buida, blanca,
la copa en els meus dits.

Gall escapçat no canta
i, tanmateix, vençuda
per la seva sang s'alça
la teva albada muda.

El mirall desfermava
una rata de llum
malalta.
Morí de set
en ratera de glaç.

Llenço el teu nom als peixos,
Mai, perquè el trobin
fet carn i sal i aigua
els meus hams de demà.

Sense tornada
veus? la sang s'exilia.
Per l'altra porta
fa entrada, viva, roja,
la nova primavera.

## EVA

### I

Emergia una serp
de cada tros de pell
del meu cos i reptava
per l'arrelam, amunt,
fins al tronc i cenyia
l'arbre fosc del desig
sols per temptar-la. Jo
cloïa els ulls i en un
malson sense sortida
li trepitjava el cap.
Però de sobte tot
es capgirà; l'escena
atàvica es trencava
en mil trossos: fou Eva
qui m'oferí el dolcíssim
pecat amb gust de poma.

II

No sé si aquest ossari
de somnis que es podreixen
lentament, mal colgats
a palades pel temps,
pot fer de fonament
per a cap casa. Que
sigui, almenys, adob
per a una sola rosa,
afuada, tenaç
i gosada com tu
—i com cada sageta
dels teus pits, dels teus ulls—
i que, sabent-se a penes
mestressa d'un sol dia,
si cal, mori de llum
entre les teves dents.

*Per a Anna*

Riu glaçat
no camina.

Barca estellada
ja ni somia
camins de sal,
camins d'onada.

Peix mort no sap
l'anell, la via
que du a l'entranya.

Lluna esglaiada
si s'ullprenia
d'aquest mirall
es corglaçava.

Perquè venies
la meva sang
ja caminava.

## DEIEN QUE ES DEIA AMOR

Era una bèstia estranya,
deforme, monstruosa,
macrocèfala, d'ulls
desorbitats i cecs,
de braços arrupits
i dits atrofiats
que no l'haurien sabut
retenir res. La boca
sempre oberta, expectant,
àvida com el buit,
voraç pou sense fons,
sense brocal, vivent.
Xisclava al meu costat.
Deien que es deia Amor.

Deien que es deia Amor.
Jo l'havia parit
—em deien— i era a mi
que em calia gronxar-lo
entre els meus braços nus.
Els meus pits no saberen
alletar-lo amb verí.

Deien que es deia Amor.
Dia a dia sentia
el seu mossec brutal
—vampíricament bell.

I, tanmateix, la sang
tèrbola, s'avivava
i em cantava a les venes,
per conjurar la por,
ambivalent, dual,
corrent cap a la fi.
I amb veu dolça cridava
aquell lent assassí
fins i tot quan dormia
sadollat del meu cos.

Deien que es deia Amor
i em deixaren amb ell
ben sola. Finalment
vaig matar-lo. Desfeta,
esquarterada, oberta,
com si una culpa immensa
apunyalés la lluna
del meu ventre, com un
suïcidi que em fes
altra vegada eixorca.

Deien que es deia Amor.
I ara que tu has vingut
no sé quin nom donar
a això que des del buit
germina cap a tu,
incertament encara,
cos endins, lluna endins.

Som on es trenquen
els vidres. Nua, oberta,
ferida, viva,
la meva sang s'abraça
i es coneix en la teva.

Perquè venies
la sal a les parpelles
se'm fa desfici
de veure, endins de l'aigua,
sang i coralls en festa.

La meva sang
—perquè has vingut—
pren camí, dolorosa-
ment, obrint-se vies
noves, cos endins.

I són de nou els mots
que mosseguen la carn
—com els ullals d'un talp—
per eixamplar-li els límits
del seu paisatge clos.

## D'ÀRTEMIS A DIANA

Uns ulls nous se m'obrien dessota les parpelles.
ADRIENNE RICH

No pas als déus ni a cap fat demano
uns altres ulls, sota parpelles noves,
per mirar-te i que em miris: és a tu
i a mi, a qui convoco i a qui repto.
Uns altres ulls que escandallin el pou
de l'aigua i de la set, que interroguin la sal
i aprenguin a llegir l'alfabet viu,
indesxifrat, hermètic, del mirall.
Uns altres ulls que esbatanin la mar.

Als ulls demano unes altres paraules
per dir-nos, quan haguem trencat les velles
i escampat els bocins en solcs d'oblit:
Ferments només, adob per a la terra.
Caldrà pastar-les amb les nostres mans.
—Noves paraules que eixamplin l'espai.

A les paraules demano camins
que ens assenderin les noves petjades.
Uns altres llavis que deixin carmí
en els vidres extrems de vells miratges.
Noves mans, llengua nova, nous sentits.
Uns nous camins excavats sang a sang.

Als nous camins demano una altra sang
que els recorri exaltada, nua, nova.
Que en violenti els límits i els avencs,

que forci cledes i tancats, que ens dugui
resclosa enllà, tenyint el calendari
d'una altra festa sense déus ni fat.
Una sang nova dins de venes noves.

És a la sang que demano uns ulls nous...

És perquè et sé germana que puc dir-te estrangera.
Sense treva esbossada, sense treva abolida
aquesta guerra que m'uneix a tu
en un pacte de sang inestroncable.
Es perquè et sé estrangera que puc dir-te germana.

# DESGLAÇ

## (1984-1988)

*A Fina, còmplice*
*d'un contraban de llum*

La serp surt de la seva
tretzena muda
tremolosa i erecta.
—Un llamp de pedra fòssil
de sobte massa viu.
Líquid esglai:
                    desglaç.

## DADDY

Feixuc com el marbre, un sac ple de Déu.

SYLVIA PLATH

La mort t'ha fet escac i mat sense retop.
I de retop a mi, des del fons del mirall
que se m'encara, clos: no hi val amagatall.
Em sé arrapats al coll els tentacles del pop.

Sento l'udol del ca i el plany del llop.
El galop desbocat de l'hora i el cavall
del record que ens calciga, ja ni cassigall
del que fórem, i el glaç que ens colga cóp a cóp.

No sé sortir d'aquest carrer tallat
a sang pel mur on les ombres m'endolen
i on estrafaig només ganyotes de penjat.

I on et veig, cec als dies que s'escolen
sense donar-nos treva, en el tauler marcat
de la Mort, que ens ha fet escac i mat.

Escac al rei: el foc s'ensenyoreix
de l'erm on ombra i sal veïnejaven
amb les fronteres nítides. La sang
confon l'excés bufat de les paraules.

Sóc sols absència
de tu, fantasma lívid
que te'm dessagnes
entre les mans de l'ombra
—les meves mans exsangües.

Ombra sense ombra
que et repeteixi els passos:
només jo, dòcil
gos fidel, ressegueixo
l'empremta ja esborrada.

El cel es pinta la cara de turquesa
en va per fer-me companyia
i inventa màscares de vidre,
de setí, randa o núvol
per fer-me creure que t'amagues
rere cada comparsa.
Prou sé que Carnestoltes
sols em porta la mort
que en l'oblit s'emmascara
o es vesteix amb les gales
pomposes que cosia
de sotamà el record.

En el clos fosc d'unes ales gegants
que es pleguen sobre meu i em donen cobri,
l'ombra em té tota. No em valen els mots.
La teva cendra em colga en vell caliu.
La teva llengua em clava en el silenci.

Jo que he escanyat la filla
obedient de Tu
i l'he enterrat, convulsa
encara, sota el glaç
no sé ofegar la fosca
ranera que es marida
dòcilment a la teva
enllà del mur. I ençà.
Ella parla per mi.
Sura damunt de l'aigua
immòbil el silenci
d'aquella que no sé
si sóc.
        Que el foc emporpri
l'hora muda i desclavi
llengua i camins. Que el dia
neixi, nu, del desglaç.

Pare-esparver que em sotges des del cel
i em cites en el regne del teu nom,
em petrifica la teva voluntat
que es fa en la terra com es fa en el cel.
La meva sang de cada dia
s'escola enllà de tu en el dia d'avui
però no sé desfer-me de les velles culpes
i m'emmirallo en els més cecs deutors.
I em deixo caure en la temptació
de perseguir-te en l'ombra del meu mal.

Cada dona adora un feixista...
SYLVIA PLATH

Aquella part de mi que adorava un feixista
—o l'adora, qui ho sap!
jeu amb tu, jau amb tu.

No l'espanta la tomba. Cridada des de sempre
al domini més fosc,
mor amb tu, i viu de tu.

Ofrena tremolosa, no sap sinó seguir-te
i arrapar-se al teu mal
com al port més segur.

Medusa desossada, allò que de mi resta
malda per completar-se
sense tu, lluny de tu.

El bisturí vacil·la. Qui em viu a l'altra banda?
I com podré pensar-te
com si jo no fos tu?

*Sobre una pintura de Frida Kalho*

Tinc dins del cap un cap d'home
—matriu sense camí!
Donar-lo a llum em mata,
servar-lo em fa morir.

No és cap home, és un nen,
clavat com una dent.
Si no neix em devora per dins,
si neix m'esbotza el crani i el cervell.

Enmig del seu front un ull
em vigila glaçat
perquè cap culpa no m'exiliï
d'aquest vell paradís.

Pare, ¿per què no m'abandones
d'un cop i deixes el cel buit
d'aquest desert de tu que dreça una ombra
llarga, afuada com un xiprer?

—Ombra que enfiles, com una llança,
les meves hores, el meu glaç:
entorn de tu les meves passes
descriuen òrbites de pres.

—Desert sense llei de vedruna
on la set esgarrapa els murs
absents que tanquen el presidi
i on ja no em sap escriure el nom.

La mort t'ha fet els peus de glaç,
gegant estrany que per damunt les aigües
em tragines, nadó arrapat al teu pit,
fins als confins de la teva paraula.

L'amor no sap el teu nom en la mort
i s'esgarria en l'ombra dels teus passos;
camí d'enlloc, de tornada d'enlloc,
jo, sense llengua, t'encalço amb els mots.

Et nega el nom aquest nom que em nodreix
i neix de mi. Que t'abraça rient
com un incendi, calcina el teu ull
i, cegament, es disposa al convit.

Com dos estels bessons, i que s'encalcen
mentre repta la nit
i tota cosa muda la pell vella
i es fonen els confins,
apropem-nos: no juguis
a fer-me por sotjant
des del llindar; ni et posis la disfressa
d'ogre, d'home del sac,
d'esvoliac dins de la meva sina,
o d'esparver reial.
Deixa, fora porta, velles armes
que et feien guerrer
i ara et veuen vençut, deixa les taules
on es glaçà la llei.
Abandona el teu nom
fins que jo trobi el meu.
No diguis cap paraula,
jo no tinc llengua.
No te m'amaguis dins l'armari
com un delicte obscur
ni pesis amb les balances
el meu amor de doble tall.

En aquesta noça el nuvi és l'absent.
Només així pot celebrar-se.
Només així he vingut fins aquí
muda, glaçada i blanca.

Noça de glaç.
Quin foc sabrà
alliberar-me?
La mort encercla amb els anells
la cendra viva, la paraula.

Carnívora de tu, no sé com enyorar-te.
T'he fet carn de la carn, t'he menjat
i he escopit
la teva por corcada, com els ossos als cans
—aquests cans que ara udolen,
glaçats, la teva mort.

No sé com enyorar-te, no sé com estimar-te
ara que la mort deixa
que et pugui dir de tu.

1

Com un nen tot petit en els meus braços,
una embosta de pols en el bressol d'unes mans:
canto perquè dormis
i et gronxo en la sang.

Com si fossis el fill del teu nom que no he tingut,
sols un bolic de carn
cos meu endins, desig,
aigües enllà.

Com una gota d'aigua en els meus ulls
que el meu llavi recull i engoleix,
comunió darrera, vi, verí,
sense ferir-te amb les dents.

Canto perquè dormis, dorm,
petit bolic de carn,
que el meu llavi recull
i besa amb llengua robada.

I et gronxo en la sang,
cos meu endins, desig,
sense ferir-te amb les dents
que clavo en els teus mots.

2

Com una nena petita en els teus braços,
una embosta en les teves mans de pols:
abraça'm com una mare
ara que ets terra ja per sempre.

3

Com dos infants, ençà i enllà del dia,
mà de pols, mà de sang.
La mort enderrocava les muralles
i tot pedestal.

# OMBRA DE PRESA

El riu s'escola, com una sang
extemporàniament blava.
Pretensiosa ferida del temps!

Jo em trobo, més aviat, enmig
dels arbres que l'escorten: verd tendre i compassiu
d'hospital o d'ungüent. Verd luctuós
de líquid amniòtic que embolcalla
un fetus que sofreix, o potser mort.
O entre els gossos que el borden, sense entendre
el seu secret —la il·lustre bastardia
d'alta nissaga que el fa gallejar.

Com ells, sols sé abocar-hi l'escreix
del ventre i del dolor
per rellepar-ho, fos en el corrent,
cercant, inútilment, cremar la set.

*A Dolors Pérez*

A mig aire s'atura
l'onada de mimosa
i és com una alegria
que es glacés entre els llavis
al punt mateix de trencar en un somriure.

*Homenatge a Rosalia*

No vull restar on els meus dolors foren.
I malgrat tot hi resto. Com la barca
clavada al llot, en el freu sense fons
ni doble fons
—tub d'assaig on l'alquímia
roent de la sang morta fa sorgir
l'or amarg, la sal muda i el cant cec
—copalta negre, amb lluors de xarol,
i en circ sense rialles
d'on algú arrenca, abans d'arribar a terme,
sostenint-lo pels peus, pengim-penjam,
un fetus atrapat
—en quina estranya culpa?
amb un nus que l'escanya en el cordó.

*Homenatge a Frida Kalho*

¿D'on ve, de quina entranya, aquesta força,
si esbotza les parets de l'estructura
que em centra, si esmicola la columna
de pedra que em vertebra? ¿D'on, la força
que en guix m'emmotlla, em solda, m'apuntala
rígidament, m'encuirassa d'acer?
Claus, agulles de cap em fixen la pell morta
damunt la carn encesa que no tolera l'aire.
I a través dels forats sols sé ja viure
en la sang que s'esmuny enllà de mi.

De vegades el glaç crema la sang
i inutilitza els membres. Renegrits,
pengen com una pelleringa inútil.
—Com el foc més intens: «els gels són calds»,
diu el poeta—. Sols resta tallar-los
i aprendre a caminar sense la nosa,
aprendre a viure sense el tros de vida
que abans ens completava, imprescindible.
Sovint, però, el buit que se'ns congria
al capdavall de nosaltres, allà
on el tallant polia la feina de l'hivern,
és un cor dolorós que s'enderia
a bategar, i ens va glaçant la sang.

## MATERNITAT

*A l'Heura, a contrallei d'un vers de Sylvia Plath*

Des del principi no ha estat moneda fàcil
el teu riure. ¿Quin pop
te n'ofegà l'esclat en el bressol?
Les guerres, ja ho sé prou, no són alegres.
I potser no he sabut, en terra de ningú,
plantar jardins oberts per als teus ulls...
Ni treva, ni quarters,
ni mapes coneguts, ni l'enemic amb rostre...
I tu menges, dissolta
en el meu pa, la guerra,
liquada en els meus ossos
i fosa dins la sang
que s'agleva en amor
difícil cap a tu.

*A Pep Parcerissa*

S'estalonen l'infern i el paradís.
I el bressol i la tomba, i les paraules
i el cos: país natal, exili.

## L'HOMÚNCUL

L'homúncul emergeix del fons d'una mar morta,
raquític i garrell, el pit bombat, sangós,
grotescament dreçat, com una espasa vella,
oscada i sense tall —fòtil inútil
i anacrònic que amb urc
un nan foll empunyés contra un gegant de fira!

Emergeix i exigeix, a punta de pistola,
de créixer i fer-se fort en mi, que l'alimenti
de mi i que li ofereixi de mestrejar la nau
buida, fosca, vivent, que l'ha salvat.

## CIRC

Cavalls, adés salvatges, fan rodar
com ases vells la sínia
de foc de les rialles.

Punyals encesos gruen
per esquivar, afuats,
la fita de carn
que els donava sentit.

## L'ÀNGEL

Més ençà de l'oblit i enllà de la memòria
hi ha un àngel negre, d'ales afuades,
que em té l'esguard, i hi emmiralla
el seu desig oscat, la set als llavis:
—Glaçons de sang al fons de la copa més buida.

## LA SENYORETA JÚLIA

*A Anna Lizaran, per la seva interpretació*

Germana en glaç, cadernera enfollida
sota el coltell del lacai, del patró.
Engabiada en ombra, sols el foc
de l'incendi et fondria pany i reixa
—l'incendi del teu crit—
i per morir, només, impotent i rebel.
Guaita la que et nodria i et prenia
dins de la seva mà, per sentir el teu batec
de nonat permanent,
com no sap deturar la mà que li segella
la boca i la commina a no sortir
del clos espès on senyoreja l'ombra
de l'esparver reial.

## PUNK IS NOT DEAD

Fosca hereva del foc
que no es consum. Amor
violent del desert:
coratge de palmera.
No àngel, sinó àngela
rebel, sense cap cel
per perdre ni guanyar.
Només, d'atzur tibant,
l'interrogant, en cingle.
Tens el caire tallant
dels estels que una allau
d'ombres de presa, a sang,
desarmava, i, d'escreix,
amb la cresta sagnant,
bàrbarament, els galls
de l'alba han rearmat.
Xisclen els esperons
arrabassats, la por,
la venjança del dia
orbat pel ganivet.
La pena es calça orgull
de bota militar
i l'estrall cerca torres
més altes d'on penjar
l'alegria-esquinçall
de bandera robada
a l'enemic. Amor
violent d'un desert
sense miratges. Fosc

desvetllar d'una mar
temerària: Saps?
Perquè t'he vist els ulls
endinsar-se amb el pas
més descalç dels teus verds
pel bosc espoliat
sense ferir la son
minúscula de l'herba.
Perquè t'he vist els ulls,
l'esglai em ve a les mans
com un ocell agònic
que reclama un tribut
impagat, amb l'impúdic,
brut, xantatge del cor.
I no sé, fosca hereva
de la mar i del foc,
quina arma o quin reclam
pot fer fora aquest vell
traïdor del futur.
Ni per sobre quin pont
de barques estellades
l'incendi d'una onada
ens trenarà en l'embat.

## CANÇONETA LLEU

*A Pepa Palacio*

Desig, abella
solitària,
de què fas mel
si cap flor no
se't bada?
Fes mel i no
facis tan sols
cera amarga
que em torni sorda
al teu reclam
de sirena.

*A Montse Massip i Antoni Puigdomènech,*
*i a la seva filla Cinta*

Enmig de murs d'escòria, de ferralla,
una paraula, minúscula potser,
i tota rovellada pel rellent
de tantes nits mal closes.
Una paraula, polida com un còdol
per les riades, colgada per l'oblit
sota un bosc de paraules que l'estrafan, que usurpen
el seu espai desert, el seu nom insabut.

Perquè giri la fona, perquè el front del gegant
escupi el seu vell ull que ens sotja, glaç endins.

## OMBRA RAPAÇ

Si no fos el deler de l'esparver
i l'ull veloç del falcó que em percaça,
si no fos l'ombra de la meva passa
que m'estalona amb pas molt més lleuger.

Si no fos el falcó, i el falconer,
l'aigua, la set, quallades a la tassa,
si no fos la congesta que corglaça
l'alè roent del cor i del corser.

Si no fos l'esparver i el seu deler
que esparveren l'ullastre i l'olivarda,
si no fos el redall de la basarda
i el bec salaç que signa el meu terrer

et fitaria, amor, i el teu esquer
faria tendra l'hora més isarda.

# CONTRABAN DE LLUM

Com l'assassí que torna al lloc del crim
havent perdut memòria i oblit
i en el llindar troba qui creia mort
i se'n fa esclau sense saber per què
i es torna gos, i li vetlla el casal
contra la mort, contra aquest lladre absent
que pot robar-li el preu del seu rescat:
així tornava jo al lloc de l'amor.

Efímera com totes, una casa.
Infants, amb quatre fustes de colors
o amb un joc vell de cartes
pas a pas la bastim. Hi ha un averany
escrit en els arcans. I hi ha el senyal
obscur de la destral
a cada tall de fusta.
El cor ho sap, i ho oblida, o menteix
amb un gest piadós. Mentre el desig,
nadó d'abans-d'ahir, estrena el món
peu nu o cofoi amb les sabates noves.

¿Quin enyor, mal cobert de cassigalls i oblit,
sense saber-te encara
tentinejava, ebri
i balb com un captaire,
badant les mans, esteses
cap a tu?
            ¿Quin esglai
sangonós, com un gall
escapçat, mut, deturava
el pas de l'alba que et portava?
Quin enyor?
                Quin esglai?

Sota aquest vent s'aviven
calius d'antigues xeres mal colgades...
Estrany cal·lidoscopi
on el que és vell es torna neu intacta
—oferta a tu, perquè hi deixis petjades
i en sollis la puresa massa eixorca—
i on el que és nou perd llei d'estrangeria...!

En tu estimo tot el meu passat
congriat en un sol nom ritual:
els ravals foscos del desig, el mal,
la mar assolellada i el bressol.
Cada tombant del teu cos m'alimenta
d'altres paisatges que l'oblit no fon:
el foc encén de nou cada campana
i es clou l'enyor, en retrobar-los vius,
fets carn en tu, i tu els dónes sentit.

No esborraria cap revolt, cap culpa,
cap rastre de coltell, ni l'ombra ni l'estrall,
ni el desert ni la sang sembrada arran de duna,
morta, ni els verds oasis delmats, ni cap miratge,
ni el crit fosforescent dels ossos que els xacals
han rostat i abandonen cansats...:

Prenc el camí que m'ha portat a tu.

Fina amor, joc extrem, or subtil
que em cremes sense tornar-me cendra.
Dins l'alquímia bàrbara i tendra
del teu cos, on el foc passa a fil
de flama l'ombra i el seu seguici,
pren-me, desfes-me, refes-me, muda
en cant la fosca mercè, la muda
sang d'exili en llavor de solstici.

Te'n vas per l'horitzó del teu plaer
com un sol que s'enfonsa, incandescent,
en l'úter enyorat de la tenebra.
I jo m'enfonso en tu, rossolo amb tu
fins a l'avenc sense nom ni mirall.
I tornes, i jo torno, en tu i en mi,
imantada al desig. I roda el món
en una llum tibant que dóna a llum
el meu plaer, crit i sang d'albaneix.

Àvidament ressegueixo amb la llengua
el contorn de les teves paraules,
en copso la textura i el relleu
i el mordent que m'aviva les dents.

Al mossec de les meves paraules,
la teva ment se m'obre com un fruit
i la polpa se'm fon, carn endins.

Tacte de nit esbatanada.
Ens dono a l'oblit
així, indestriables.
Perquè els ulls, ara absents,
no puguin retornar-nos
els límits, de retop,
des de l'alba.

El port és ple de vaixells carregats
de crims de Mai i de culpes d'Enlloc.
I aquest cadàver dins del meu armari...

És a ell que duc flors, quan te les porto?
¿És ell que persegueixo, i m'esgarrio,
amb la por a coll com una criatura
fins al celler, sota mateix de casa,
infern familiar que enxarxen les aranyes
i on fermenten els olis vells, i els vins,
i els verins, i l'amor sense paraules?

¿Quin ull priva el meu ull de veure el rostre
que temo i desconec, sota amenaça
de tornar-lo a la mort, sense retop,
o fer del meu delicte un bloc de sal?

Mirar endarrere, sí, mirar endarrere,
mirar-lo fit a fit i veure com se'm fon.

T'estimo amb el meu cos
exiliat i mut.
¿Per quins perduts camins
el retorn, la paraula?

Hi ha tanta pau en tu, hi ha tanta guerra!
Tant de país per a l'urc viatger
de l'ull i del desig. Hi ha tant de repte
dins de la teva nit, en el plaer
amb què et sobto i em sobtes...
Tant d'espai
per al dolor, que no vull conquerir!

La meva set és un mirall obscur
i clos on s'emmiralla, oberta, la teva aigua...
Perquè no en defugies el dol voraç i el glaç,
som dues nits a contradir la nit.

No sé estimar-te sense el feix
d'ombra que em fa gep a l'esquena
—com la deixalla més obscena
a contrallum del cant que neix.

No sé estimar-te sense el pes,
pes mort quc llasta barca i ombra
—com l'ala estèril del pesombre
a contrallei del somni tes.

No sé estimar-te sense mort:
salpa l'amor, foll com un rei
que, enverinat, cerqués remei
en l'alta nit i fora port.

A contra-llum, a contra-llei
no sé estimar-te sense mort.

Em cerca el bec de l'esparver salaç.
Però l'amor, astut, para reclams
i brells ben lluny d'on som tu i jo
i atrau l'ombra de presa. Veus? els corns de caça
te l'ofereixen mort. Pren-ne la sang
i pinta-me'n els llavis. Besa'm, nega
la por que em signa, en el conjur, segella
amb el teu cos l'angoixa oberta. Fon-me
amb tu, dins teu, nit clavada a la nit.

## CONJUR

Xacals venien des del fons del mirall.
Cop de fuet dominador, el seu pas
fendia el vidre. Ullglaçats, es feien
amos de l'erm; ull-roents, de la sang.
Ullpresa, presa, botí, comminada
a un estrany ritu propiciatori,
et veia a tu, només: tòtem cruel
d'una estirp oblidada, que emergia
del fons d'una mar morta. Mirall mort
i mortal. Des del fons de l'ull voraç
que m'assetjava, tu venies; dels ullals
que em fitaven, venies: en el temps
d'incendi que em prenia entre les urpes
per devorar-me i escopir l'ossam...

Xacals venien des del fons del mirall.
Xacals venien. I de sobte queia
la màscara de carn que els feia vius.
I tu venies. Tu. I conjuraves
les seves ombres ancestrals amb l'ombra
del teu cos, i el seu foc amb el teu foc.
I l'escarritx funest de la lluna esquerdada
amb l'aigua al ple, a la nit dels teus ulls.
I el grinyolar de portes desfermades
amb la veu que em cridava, esbatanant-se,
pel meu nom més secret des del teu pit,
i em comminava a trepitjar l'esglai
amb els peus nus, com un raïm amarg.

I ara te'n duc el vi, tentinejant
per entremig de feres adormides.

Néixer de tu, amor, néixer de tu
cap al món cada dia de nou!
I de nit reposar dins la nit
arrapada a la mort, com un ham
enfondit a la gola del peix...

I

I en tu trio la meva desmesura.
Aquest era el senyal i la paraula,
salconduit viu per a la meva sang.
Entra, doncs, ja, hoste del meu desig.
En tu, per tu, sóc jo qui em posseeixo,
triomfant en la teva desmesura.

II

I triomfo en la teva desmesura
d'una vella contesa no entaulada.
L'escaquer d'ombra i sal, desert, em fita
malcolgat sota cendra de paraules
on ha mort calcinada cada peça
—ha mort també la flama on crepitava.
I no sé quina espurna l'encenia
ni quina fusta, bosc, món, Rei ni Dama
poblaven aquest erm que sols fumeja
ni quin enyor m'ha dut —exiliada,
vella vençuda, cega i sense història—
on llasta i sagna encara la batalla.
I triomfo en la teva desmesura...

Perquè t'estimo, estimo les teves cicatrius.
La meva carn les sent, ara que les renova
la pluja, i em fan mal. Estimo, sobretot,
aquella que defenses del meu amor, lacrada
per un vell urc de tigressa ferida
que arremeté, ferotge,
no pas contra la bala del caçador nocturn
—ombra emboscada en l'alta jungla d'ombres—
sinó contra l'escut tan frèvol de la pell,
contra l'ull que fendia inútilment la fosca,
contra la dent encesa que sols cremava l'aire,
contra l'interrogant que no trobà resposta,
contra el doll de la sang que li digué vençuda,
contra el mirall atònit que reflectí l'estrall.

La teva ànima sagna, avui, des del meu cos.
I és que la teva força cegava la ferida:
N'estroncà el doll i en taponà el clivell
—ungüents i benes, temps, secret, oblit.

Dóna'm a beure la teva feblesa
si vols, amor, que l'amor no em dessagni.

Construir, sang a sang, aquest amor
fent i desfent, i refent el teixit,
com una balenguera fora seny
i maldestra que tempta, a l'endeví,
camins de mans incertes, mar obert,
però sense el secret, sense la clau.

Tèrbolament t'estimo. Tot el pòsit
s'ha remogut. La copa com un mar
tempestejat m'aboca, a contrasang,
restes de vells naufragis, fustes, urc
de suïcidis oblidats, quitrà
enquistat dins l'onada, algues, mort.
No sé trencar-la. Ni, assedegada,
buidar-ne tot l'embat en un sol glop
sense esquitxar-te ni ferir-te, sense
arrossegar-te a l'escullera amb mi.

Tota la sang, tota la sal en tu.
Ombres enllà, els teus ulls m'assenderen
per camins clars —el solc, el blat, el pa.
Ombres ençà, els meus llavis maseguen
les vores de l'amor, vells sangtraïts
em bleeixen la llengua i la geniva.
Seguir-te, amor, seguir la teva mà
petita —dolça i dura! Però l'ala
de quina nit... les urpes... quin falcó?
I t'arrossego cap al meu desert.

Usurpador en el lloc de l'amor,
fidel lacai de l'ombra.
Serva-li bé l'espasa!
Que a la vella vençuda
li cal, de nou, el teu
darrer servei: parlar
—i perdre's— en el doll
que taca l'hora muda.

Presa, i despresa, en cercle de miralls
no en vull sortir sense tu, contra tu.
Aigua letal? Aigua viva? Dins teu
sóc la llavor que esclata a trenc d'esglai.

Sóc la llavor que esclata a trenc de mort
i s'arbra cega i encesa en l'embat.
Arrels —aranya i teranyina— i llim:
nimfea en sang als miralls de la nit.

Dic que el teu cos és un bressol. També
que és un infern subtil i insidiós
on expiar i on perpetrar nous crims
—com escanyar l'infant dins del bressol.

Negar-me en tu desposseir-me
d'aquesta rigidesa que m'emmotlla
i em dóna cos fluir sense contorns
lliscar pel tacte obert de tota cosa
amarar les parets l'eix que ens endega
filtrar-me llenegar per les clivelles
dels temps esllavissar-me sense fites
rossolar pel teu cos com una bola
de neu que s'ageganta i s'incendia
allau roent endins de tu neu fosa
fluir fluir sense confins negar-me
en tu negar-te: i afirmar l'empremta
vivent, imperceptible, de l'amor sobre l'aigua.

T'estimo quan et sé nua com una nena,
com una mà badada, com un reclam agut
i tendre que em cridés des d'una branca nua,
com un peix que oblidés que existeixen els hams.

Com un peix esglaiat amb un ham a la boca.
Com l'estrall en els ulls de l'infant mutilat
en el somni, en la carn. Com la sang que s'escola.
Nua com una sang.

T'estimo quan et sé nua com la navalla,
com una fulla viva i oferta, com un llamp
que la calcina, cec. Com l'herba, com la pluja.
Com la meva ombra, nua rere el mirall glaçat.

Tan nua com un pit enganxat als meus llavis.
Com el llavi desclòs d'un vell desdentegat
encarat a la mort. Com l'hora desarmada
i oberta del desglaç.

Castells de cartes on escric els noms
—el teu, el meu?— i els dono cos. Potser
pinto de roig les roses blanques per
esquivar l'ira de la Dama-Espasa.
A l'altra banda del mirall, ¿qui em torna
les cartes traspassades per sagetes?
¿Qui destenyeix l'amor, quin mal lleixiu
esborra la sang viva de les roses?

Jo sóc l'altra. Tu ets jo mateixa:
aquella part de mi que se'm revolta,
que expulso lluny i em torna
feta desig, cant i paraula.

Feta desig, cant i paraula
et miro. Jo sóc tu mateixa.
No em reconec: sóc l'altra.

Dolor de ser tan diferent de tu.
Dolor d'una semblança sense termes...
Dolor de ser i no ser tu: desig.

Si ens afegim tu i jo, peça per peça,
com un encaix vivent, dues figures
es perfilen completes, contundents:
una d'elles es dreça sòlidament, segura,
amb tots els atributs de la dona com cal
i com ella, també, sense retop ferida.
L'altra s'arrenca, balba, d'un passat insabut,
s'esbossa com un gest tentinejant, avança
a batzegades, tempta camins sense fressar,
es perd i es troba, parla sense llengua...
I, així, si cadascuna, per separat, ens lliga
i ens fa indestriables —meitat vora meitat—
entre elles dues lluiten sense donar-nos treva
i segellen amb sang el pacte del desig.

## L'ANELL

¿Quina petita núvia de set anys
m'encerclava de cop amb l'anell d'or
que duc al dit petit? Noça de nans
en un indret rescatat de l'oblit
i clos a la memòria, rebel
a tota llei de pactes que no siguin
la sang dins de la sang: comunió
proscrita, la primera, la més sola,
que em ve, vermella, a contrallum dels anys.

## TERCER ANIVERSARI

Fa tres anys, ja: desconegudes,
cadascuna amb el feix, i el gep, i l'ombra,
temptant un pacte, enmig del ball de màscares
que estrafan, multipliquen els miralls.

Tres anys de fer, desfer, refer les passes
de l'una a l'altra, sovint arribant
al mateix lloc una i altra vegada
—com qui voltés a l'endeví pel bosc
i d'esme resseguís els errors coneguts
per no sentir-se esgarriat del tot.

Un i altre cop, pel mateix gorg xuclades
i el cabdell embullat pel mateix laberint,
en tibar el fil que mena a la sortida,
desfent el vel a nit closa que ordien,
de dia, voluntat, raó, tendresa.

¿On trobar-nos, enllà d'aquest espai
marcat, sota el segell
reial de l'esparver,
on d'entrada, per viure,
ens hem traït?
                    Refer
el vell pacte de sang
                              trencat
saber
on ets tu, on sóc jo.
Qui ho sap... nosaltres...

I un altre nom, si us plau, per a l'amor.

El meu amor sense casa.
L'ombra del meu amor sense casa.
La bala que travessa l'ombra del meu amor sense casa.
Les fulles que cobreixen la bala que travessa l'ombra del meu amor sense casa.
El vent que arrenca les fulles que cobreixen la bala que travessa l'ombra del meu amor sense casa.
Els meus ulls que arrelen en el vent que arrenca les fulles que cobreixen la bala que travessa l'ombra del meu amor sense casa.
El meu amor que s'emmiralla en els ulls que arrelen en el vent que arrenca les fulles que cobreixen la bala que travessa l'ombra del meu amor sense casa.

*A Lourdes Borràs*

A voltes el desig se'ns torna mut
i és un dard retardat a l'aljava
que els dies enverinen, consagrat
al mirall sense temps de l'absència.

I ara véns, i em retornen els mots
com un ressò del teu desig, com un
reflex encès de la sageta viva
amb què em claves al foc de l'instant.

I t'abraço com si jo fos tu
que m'abraces com si fossis jo.

Enceto aquest poema d'amor en l'hora incerta
com l'infant que canta més fort
en passar per davant del cementiri.
I dic amor. Grinyolen les xarneres
de cada so. S'esquerda cada lletra,
esventro cada gram del seu sentit
—tot de grumolls entre les mans, sang presa...
Fòssil que vol alliberar-se
de la duresa mineral, corall,
fruit de robí. Miracle del mirall
que multiplica el seu desig. L'angoixa
abdica del seu nom: el tron
és buit i convoca algun tirà
desconegut, de segur més cruel.
L'esparver fita, de lluny, el pas dels dies:
no se n'escapa cap del seu ull fred.
Tot dorm. I et dic amor, m'entesto
a dir-te així. I a no cremar
la carcassa del mot, on sembla que la carn
comença ja a podrir-se. No. Redir-te.
Redir-te a esgarrapades en el mur
que dreces entre el meu desig i Tu.

No sento en mi el dolor, el sento en tu:
en el bocí de mi que s'allunya, segat,
i en el buit que, al capdavall del meu cos,
malda inútilment per completar-me.
Tota jo sóc aquest monyó bolcat
com una criatura, que bressolo
per fer callar la veu de la ferida...
I és com si bressolés un infant que ja és mort.

No escanyis la petita que viu, rebel, en mi
que m'incita al candor, a encendre la mirada,
a estrenar boscos on els llops fan nit
i a creure en el poder de les paraules:
insecte estrany que fins i tot clavat
a la seva minúscula ranera
impenitent arbora
el repte del seu vol.

## L'ESPADAT DE MAI

Sé del cert que hi ha algú —i no ets tu—
que des de la finestra de la meva cambra
em diria que aquest paisatge
és l'únic en el món perquè m'inclou
i em faria adonar d'insòlites belleses
ençà i enllà de l'ombra que ens retalla,
blau contra blau, arbre nocturn, arrels
que cerquen d'allerar-se cel endins.
I m'arrossegaria amb llengua sense estreps,
o es clouria dins meu —com un nonat—
i em xuclaria l'aire, el foc, la sal...
Mirallejant, cec brollador de llum,
ran de mar em daria el nom de festa.
I, nunci, el cridaria per les places
i em deixaria el seu perquè el lluís
enmig del front com una diadema
arrencada al no-res —color de sang.
I em duria en la sang. O temptaria
les venes que m'enxarxen de cruïlles,
enderrocant els límits que bastien
antigues esperances escapçades.

Però és a tu que trio: tu que acceptes
de pagar l'alt tribut que l'esglai ens imposa
al seu post fronterer
i em dius: «Ho veus? No cal
mistificar l'amor
arraconant-lo contra l'Espadat de Mai».

Em sé cruel, i dèbil de retruc,
quan topo amb les parets amb què et defenses
del meu desig, inútils, irrisòries
i alhora d'una indòmita enterquesa.

I el cor, jutge forçat, a contracor estricte,
perplex, em veu incapaç d'exigir
ni rigor perquè et copso la feblesa
ni pietat, que és cingle
viu el repte que em dreces, i és mort.

I la balança marca la difícil,
justa, mesura d'un amor amarg.

Per als vençuts l'amor és un pa amarg,
arrabassat a contrallei dels sécs
d'un país devastat, sembrat de sal
per l'enemic sense rostre.
I la sang, aliment per a l'incendi
que esborri serramostres de collita,
cremi rostolls, calcini llei i culpa.

El sèver i l'amor, com una trena
rígida, veus?, grotescament dreçada
contra el buit que deixava el paradís
vençut —glavi torçat, esmussat, d'àngel
que es reconeix traït
en aquells que exilia.

Vençudes, no: ferides
a l'arrel i a l'escorça,
marcades per l'empremta
roent, sense remença
del silenci. Del glaç.

Vençudes, no. Desposseïdes
de l'arrel, o bé closes
sense camí, clavades cos endins.
De la mirada viva que recorda
arrencades, en un segrest de sal,
rígida camisa de força,
dolor fòssil
o sotmeses a llei d'estrangeria
arreu.

Vençudes? No, que encenen
l'albada els esgarips
del gall que crèiem escapçat: dolor
de l'hora que es desprèn i desaprèn
el camí clos en cercle del coàgul.

Que l'amor torni la cresta arrabassada
i el bec voraç al gall d'aquest nou dia.
I que la sang cerqui solcs on colgar-se:
llavor de cant, lluita en saó, vedruna.

Si perd l'amor fins el seu nom
on tota cosa recomença
sabré redir-te'l amb la pell
i amb el foc nou d'una altra llengua.

Quan, enmig del desglaç,
el riu remunta
cap a la deu,
i el seu curs foraviat es peix
com un mirall
del teu rostre, i me'l torna,
enllà de tu,
convertit en tenebra
i esglai opac...
Que em neixin ulls de cega,
uns ulls vivents
al cap dels dits
per llegir-te i no perdre'm
en el vell simulacre
sense contorns
que com un gorg devora
la meva nit.

## *Desglaç*

Baise m'encor, rebaise moi et baise
LOUISE LABÉ

Parla'm encara. I més.
Ja ho sé que no t'entenc,
que una llengua estrangera
m'adreça des de tu
el seu reclam furtiu;
que ni tan sols no sé
destriar les paraules
i inventar-los un feu
enllà d'aquest paisatge
que em dóna cos. Però
parla'm: que esmolaré
el tall dels sis sentits
i cisellaré l'aire
al voltant dels teus mots.
Després me'ls enduré
ben d'amagat de mi
i indesxifrats encara
en un lloc ignorat
on jo no tingui accés
fins que em sobtin un dia
amb una rara llum
i m'obliguin a creure
en allò que jo mai
no hauria conegut
pel nom cairat d'amor.

Per tu retorno d'un exili vell
com si tornés d'enlloc. I alhora et sé
terra natal, antiga claror meva,
i l'indret on la culpa es feia carn.

Retorno en tu, per tu, a l'espai cec
d'on vaig fugir sense poder oblidar;
desig sense remei, ferida arrel
arrapada, clavada cos endins.

Per tu retorno d'un exili vell,
refugi contra tu, des d'on trair
la primera abraçada i on triar,
des de l'enyor, l'escanyall d'unes mans.

Retorno en tu, per tu, al vell jutjat
sense horari ni nom, fosa en la pell
dels teus camins que em coneixen la pell,
closa en els ulls que ja gosen fitar
el teu esguard, com si tornés d'enlloc.

Aquest amor, difícil
repte de les fronteres
que el glaç petrificava:
contraban de llum.

# II

# POESIA PÒSTUMA

# RAÓ DEL COS

*Amb fils d'oblit*
*cus la memòria*
*la sargidora cega.*

I

Amb fils d'oblit
l'agulla enfila.
Desfà l'estrip que veu,
deixa el que troba.
Encerta pell
morta, teixit,
aire, carn viva:
cus la memòria,
la sargidora cega.

La cicatriu
em divideix
en dues parts
l'aixella.
Cremallera
de carn
mal tancada
però
inamovible.
Inamovible
com el decret
que en llengua
imperial
m'exilia
a la terra
glaçada
dels malalts
sense terme
ni rostre.

## VALÈNCIA D'ÀNEU

El turó es dreça,
opac,
contra el cel líquid
del silenci
que en cascada de núvols
resplendents
es precipita avall,
s'esbalça.

Testimoni
procaç
de càrrec
o descàrrec,
interrogat, escorcollat,
parla només
a contrallum
i amb mudesa de pedra.

Dóna només
temps esmaltat
i esquarterat
en padellassos,
detritus de temps,
monedes fora llei
que, en curs
extemporani,
daten estrats.
I amaga avarament
la baula,

el codi, el saber
que articuli
l'hermètic
alfabet
mal xifrat
de la desfeta.

Inabastable
al mot que excava,
sota la jove,
cega rialla
en flor
de l'herba més tendra,
el territori devastat
de la memòria.

## PÈRDUA

*A Sara N.-M.*

Com la florida
entre la neu, sobtada,
la sang, la taca:
el senyal de la pèrdua
desmentint la mort.

# II

## LA DONA DE LOT

*Sobre un vell tema represès per Anna Akhmàtova*

I

*L'home just va seguir l'emissari de Déu*
*gegantí i resplendent per la muntanya negra.*

L'ull terrible del Sense Nom
sotja cec el silenci de la ciutat damnada.
Sense fites ni fons, la culpa és un mirall
voraç xuclant l'oblit intens de la pupil·la.
L'àngel escriu un sol camí. Per la muntanya
negra brilla un sol traç. La vall verdeja en va.
Un glavi lluminós sega l'arrel més viva.
La sang, sense demà, roda en un cercle clos.
L'ull sinistre del gegant
escup l'incendi, sal de llàgrima aturada.
I una mar morta colga l'urc del cos sense llengua.

L'home just sent la Veu que el crida pel seu nom.

Triat, amorosit, encimbellat de cop
damunt l'espatlla de l'Altíssim,
la còrnia divina frec a frec dels seus ulls,
veu la nova ciutat, enllà d'enllà,
cingla carrers i places, segella pacte i llei.
S'esgoten el desert i la set i el silenci.

II

Endins d'endins, clavada a terra,
cega com la llavor, creix una veu
i es fa arrel en l'entranya de la dona:

*No és massa tard, encara. Encara pots mirar.*

Mira enrere, cap Veu no coneix el teu nom.
I el teu cos allà resta, ebri de pluja i sol.
Sotmesa arreu on vagis a llei d'estrangeria,
ombra seràs des d'ara, desposseïda arreu,
perquè només t'és pàtria allò que ja has viscut.

*Un esguard! I aglevats per un dolor mortal*
*els seus ulls ja no poden, de sobte, mirar més.*

La rígida camisa de força de la sal
bloqueja la follia. La pantalla és en blanc.

A l'alba reverbera la història sense història.
El gest es perpetua
gegantí i resplendent.
I en la duresa mineral impresa
fulgura la pregunta sense veu:

¿Quin era el Nom de la dona de Lot,
*la qui donà la vida només per un esguard?*

Furgant per les llivanyes i juntures,
trobí el vell drac encara aferrissat.
MARIA-ANTÒNIA SALVÀ

Furgant per les llivanyes i juntures
d'aquesta paret seca; entre mac
i mac d'oblit; entre les pedres dures
de cega desmemòria que endures,
et sé. I saber-te em dóna terra, arrel.
Et sé i em sé, en el mirall fidel
del teu poema, aferrissadament
clivellar pedra de silenci opac
—dona rèptil, dona monstre, dona drac,
com el cactus, com tu, supervivent.

*A Renée Vivien*

Dues dones: un pacte
més enllà del desig,
inscrit arreu i enlloc.

Dues dones: alhora
fer néixer i néixer, vives
en el nom i en la carn.

Un pacte: més enllà,
ençà i en el desig.

## VELS DE CEBA O LA DANSA SECRETA

Ran de l'aigüera
mans de dona despullen
danses de vels
de ceba, arrels
de llum i d'ombra
presa i desapresa,
tels de teranyina
encesa,
esquinçalls
de flor d'aram
secreta.

Mans de dona
teixeixen
i desteixeixen
un desig
translúcid
—ran de l'aigüera—
mantellina de núvia
nua i defesa,
de criatura nada
en l'embolcall
d'una intacta
promesa.
Mans de dona saben,
però desisteixen:
cada dia clouen

i ceguen i obliden
—ran de l'aigüera—
la dansa secreta.

# III

Per cada gest
que lleva fruit,
pròdiga
escampadissa
de flor vermella.
Vida, excés,
hemorràgia:
imponderable
tresor
de la pèrdua.

Res no et serà pres: vindrà tan sols
l'instant d'obrir
dòcilment la mà
i alliberar
la memòria de l'aigua
perquè es retrobi aigua
d'alta mar.

Morir: potser només
perdre forma i contorns,
desfer-se, ser
xuclada endins
de l'úter viu,
matriu de déu
mare: desnéixer.

Porta entre mar
i mar
la paraula:
exili de l'exili.

# IV

Des de l'urc
de la torre
més alta
—closa i opaca—
s'esbalça
l'hora
—i la paraula.
Com dues trenes,
escala oberta
de cop segada,
a banda i banda
de l'orba
mirada.

Amb el cos empalat
en eix de fosques pàtries
fugen i arriben
a pàtries més benignes.
Però els ulls, orfes
de llum, percacen àvids
l'engruna verge
d'una màtria abolida.

*A la meva mare*

1

Vas dir-me: aquest
és el meu cos,
la meva sang.
Pren, menja i beu
—vida i mortalla.

Després, el pa
llescat, ferit
pel ganivet
i el vi vermell
vessat, tacant
les estovalles.

Sota l'esguard
obscè d'un déu
que t'usurpava
les paraules.

2

Sagrada obscenitat
del cos
tocat per la promesa
de la mort:
intocable
com un pària
o com l'empremta
d'un déu absent.
Sigues sacrílega
i retorna-li
la qualitat humil
dels cossos vius.

3

Com si em vingués de tu
la carn, la sang
de les paraules.

1

T'he negat
mare
tres cops
i cent.
I cap gall no cantava
defora.
Són cegues, sordes, mudes
les nostres traïcions.
I la derrota.

2

Però cosides
l'una contra l'altra,
clavades
una i altra
pel mateix déu
en la creu del no-res
des del fons dels
segles
brandem
la sang
del
nostre silenci,
aigua i vi,
a la ferida.
I es poden comptar
tots els nostres ossos.

3

A la cruïlla
ossos, esculls de l'alba,
la paraula.

## IGUALTAT

Diferents neixen,
de dona, fills i filles.
La mort iguala.

Cos meu: què em dius?
Com un crucificat
parles per boca de ferida
que no vol pellar
fins a cloure's en la mudesa:
inarticulada
paraula viva.

No res és tot: floreixen les glicines
lívides per l'esforç
de resignificar una altra primavera
i dur memòria d'un dol antic.

Com la xiqueta que en encetar camí
s'omple de rocs la falda i les butxaques
i s'endinsa en el bosc i els va perdent
sense lliurar les batalles previstes
contra llops o gegants, ombres
va deixant un rastre
sembra
i ara li resta només dins del puny
crispat un còdol llis...

## OBSCENITATS

Sense tu casa no sap ser casa meva.
Com la carcassa d'una bèstia morta
o com un fòssil opac i mal paït
pel ventre obscè del temps.
Miro aquestes parets deshabitades.
Com a les perles
els manca la carn teva per lluir
amb una vida obscura i submarina.
Miro aquestes parets com la presó
que amb [...] m'alimenta l'enyor
d'una casa de carn i sang llunyana.

Com una sola aposta
al tot
i al res
sang i paraula
i amor: vertigen
dau de miralls
en joc.

Damunt l'aigua
[...] o estantissa
dels dies llançar
com un pont
de barques
vacil·lants
l'amor. I al cor del vent
més glacial enarborar
les fràgils flames:
la promesa i el perdó.

Covava l'ou de la mort blanca
sota l'aixella, arran de pit
i cegament alletava
l'ombra de l'ala de la nit.
No ploris per mi mare a punta d'alba.
No ploris per mi mare, plora amb mi.

Esclatava la rosa monstruosa
botó de glaç
                    on lleva el crit.
Mare, no ploris per mi, mare.
No ploris per mi mare, plora amb mi.

Que el teu plor treni amb el meu la xarxa
sota els meus peus vacil·lants
en el trapezi
on em contorsiono
agafada a la mà de l'esglai
                de l'ombra.

Com la veu del castrat
que s'eleva fins a l'excés de la
            mancança.
Des de la pèrdua que sagna
en el cant cristal·lí com una deu.
La deu primera, mare.

## RESURRECTIO

m'agenollo davant
el cos
impur
obscè
mortal
primer
país
vivent
taüt
obert
d'on vinc
no hi ha,
mare, una altra naixença

# V

## FESTIVAL DE POESIA CATALANA
(QUARTET DECASÍL·LAB AMB ESTRAMBOT)

XY XY XY XY XY

XY XY XY XY XX

XY XY XY XY XY

XY XY XY XY XX

Continueu la sèrie encetada.
És l'esquelet: poseu-hi l'arracada.

Divendres, 8 de desembre de 1995

# JUSTIFICACIÓ EDITORIAL

## PROCEDÈNCIES I VARIANTS

## a. *Criteris generals*

Aquesta edició de tota la poesia de Maria-Mercè Marçal prèviament recollida en volum hem volgut que es regís per dues normes. La primera, respectar al màxim les decisions de l'autora sobre l'organització dels seus llibres i el text dels seus poemes; la segona, procurar que el conjunt tingui tant com sigui possible l'aspecte d'un llibre unitari.

Per assegurar la primera d'aquestes dues coses, de cada llibre hem tingut en compte totes les edicions que se'n van fer en vida de l'autora, i les hem comparat per assegurar que el text que donem per a cada poema sigui del tot confiable. Hem donat primacia, com és de rigor, a l'última forma controlada per Maria-Mercè Marçal, però en un cert nombre de casos hi hem introduït esmenes d'acord amb les versions anteriors. L'apartat de «Procedències i variants» dóna raó del procediment que hem seguit i les edicions que hem consultat i especifica les opcions editorials que hem pres, però per esvair possibles dubtes deixem dit a priori que ens hem limitat a controlar les diferents formes impreses de cada llibre, i esporàdicament també les d'algun poema solt en alguna publicació, però que no hem consultat en cap cas el fons de manuscrits de Maria-Mercè Marçal conservat a la Biblioteca de Catalunya. No hem pretès recollir tota la informació genètica relativa a cadascun dels poemes i dels llibres, sinó únicament donar-ne una edició fidel i llegidora.

Pel cantó de la coherència formal del conjunt, dues característiques comunes a pràcticament tots els llibres són les que demanen més atenció ortotipogràfica: d'una banda, la multiplicitat de divisions i subdivisions que aquests llibres solen presentar; de l'altra, l'abundància amb què hi proliferen epígrafs, dedicatòries i paratextos semblants. Pel que fa a les divisions, posem en portadella els títols de llibre (per exemple, *Bruixa de dol* a la pàgina 71) i els títols de part (per exemple «Bruixa de dol» a la pàgina 73); en canvi, els títols de secció dins d'una part els posem a la mateixa pàgina que el poema amb què la secció comença, a dalt de tot de la caixa (per exemple, "Bruixa de dol" a la pàgina 104). Pel que fa a les dedicatòries, com els subtítols amb què alguna vegada es confonen, les posem totes en cursiva; els epígrafs, per la seva banda, els donem en rodona quan són citacions d'un altre autor (esmentat a sota la citació, en versaletes) i en cursiva quan són lemes de la mateixa autora.

Hem acabat d'estendre als pocs casos que no s'hi ajustaven la pràctica d'obrir interrogant inicial quan la pregunta comença en un vers i acaba en un altre i de prescindir en canvi del primer interrogant quan la pregunta comença i acaba al mateix vers. També hem regularitzat l'ortografia quan alguna paraula presentava una forma errònia (*passarells* > *passerells*) o anacrònica (*confetti* > *confeti*). Consignem aquestes intervencions nostres juntament amb la resta de variants.

## b. *Procedències i variants*

### I. LLENGUA ABOLIDA (1973-1988)

Per a tota la poesia fins al 1988, com no podia ser altrament, el text que hem pres de base és el de l'edició completa i revisada que en va donar la mateixa autora:

LA *Llengua abolida (1973-1988)*
València: Eliseu Climent, Editor (Poesia 3i4, 58)
Primera edició: abril del 1989
528 pàgines

L'abril del 2000 en va sortir una segona edició idèntica a la primera; però per defecte d'impressió hi van desaparèixer el títol d'un poema ('Tanit', a *Cau de llunes*) i la numeració romana de set poemes que formen part de diverses sèries (a *Bruixa de dol*, «Foc de pales» I, «Tombant» X i XII i «Foguera Joana» II i III; a *Sal oberta*, «Arc i tenebra» V i «Sal oberta» V), i s'hi va dissimular una dedicatòria (al poema 'Maternitat', de *Desglaç*, el sintagma *A l'Heura* hi va quedar reduït a *A l'H*).

A més de *Llengua abolida (1973-1988)*, hem tingut a la vista la primera edició de cadascun dels llibres que s'hi van incloure, i també les edicions posteriors fetes en vida de l'autora, per resoldre els pocs dubtes que han sorgit en la fixació del text. Per a cada llibre especifiquem les edicions de referència i, quan aquestes edicions contenen algun text preliminar o postliminar desestimat a *Llengua abolida (1973-1988)*, el reproduïm; pel que fa a les breus notes explicatives sobre cada llibre que l'autora va redactar per al volum del 1989, les transcrivim sempre que continguin més informació que l'estrictament bibliogràfica. En aquests textos regularitzem la distinció tipogràfica entre *Títol de llibre*, «Títol de part», "Títol de secció" i 'Títol de poema'.

Pel que fa a les variants, consignem totes les que amb l'ajuda inestimable d'Agnès Prats hem detectat entre les edicions prèvies i deixem constància de les escassíssimes intervencions d'ortografia i de puntuació que hem practicat en la nostra. En cada cas, transcrivim sencer el vers que conté la forma divergent de la que s'imprimeix en aquest volum, sense repetir la forma de la nostra edició. Només quan ens sembla aconsellable justifiquem explícitament l'opció editorial que hem adoptat.

Quan les variants afecten un títol, un epígraf (tant si és una citació d'altri com si és una lema de la mateixa autora) o una dedicatòria fem servir les abreviatures *tít.*, *ep.* i *ded.* Si la variant del cas afecta simplement la puntuació o l'ortografia d'una paraula d'aquell vers, ho consignem afegint-hi al darrere *[punt.]* o bé *[ort.]*.

## CAU DE LLUNES

### EDICIONS DE REFERÈNCIA

1977 *Cau de llunes*
(Premi Carles Riba 1976)
Barcelona: Proa/Aymà (Els llibres de l'Óssa Menor, 92)
Primera edició: març del 1977
Sextina-pròleg de Joan Brossa, frontispici de Joan-Pere Viladecans
80 pàgines

LA *Llengua abolida* (p. 17-77)

La menció del premi no figura a 1977; s'incorpora a la coberta («Premi Carles Riba 1976») i a la portada («Premi Carles Riba 1977»: la data aquí és errònia) a partir de la segona edició, ja pòstuma (novembre del 1998). L'error en la data del premi a la portada del llibre es manté almenys fins a la quarta edició (juny del 2012); a partir de la tercera (març del 2010), el volum passa a ser el núm. 193 de la col·lecció Els llibres de l'Óssa Menor.

Les dedicatòries dels poemes s'imprimeixen al peu de l'últim vers, en cursiva, a 1977; a LA també van en cursiva però per sobre del primer vers, que és la mateixa forma en què les donem nosaltres.

La nota epilogal de l'autora a 1977 (p. 73), desapareguda a LA, deia així:

> *Cau de llunes* aplega poemes i cançons escrits entre 1973 i 1976 en llocs diversos dels Països Catalans, però sobretot a Sant Boi de Llobregat, a Barcelona i en un mas de la plana d'Urgell.
>
> És prou complex el teixit de persones i circumstàncies que hi ha al darrere, però voldria fer constar, a part els noms que d'una manera o altra apareixen en el llibre, que:
>
> —'Damunt un cel apedaçat' no seria tal com és sense un suggeriment del poeta Jaume Pont.
>
> —A 'Tanit' i 'Carpe diem' hi ha alguna cosa d'un paisatge viscut a Prada de Conflent, l'estiu del 75, amb Nídia Tremoleda.

—El poema 'Amics, si de cop sobte em demanàveu', escrit l'any 1973, el dedico avui a Ferran Puig i a Montserrat Pugès, «companys i alumnes», que en caçaren l'ham abans d'haver-lo llegit.

—'Corrandes de lluna' és un homenatge a Joan Amades i 'Cega, cega estrella', a William Blake, seguint l'estructura d'una de les seves *Cançons d'innocència*, 'La flor'.

Finalment, vull agrair a Joan Brossa, entre altres coses, la sextina que fa de pròleg, i a Joan-Pere Viladecans el seu dibuix.

Sant Boi de Llobregat, desembre, 1976.

VARIANTS

Preliminars (p. 17)
ded. 1977: *A Ramon Pinyol: que floreixi la murtra!*

II. Atzeituní: preliminars (p. 29)
ep. 1977, LA, 1992: *Vates, crebad as liras!* | . . . | *Crebala? Na tua testa* | *solo, tirania!* [A banda de les grafies anòmales que regularitzem, la citació del poema de Curros Enríquez a les edicions anteriors presenta un error de transcripció a l'últim vers, que hi queda coix perquè *tan solo* s'hi ha reduït a *solo*. Ho esmenem.]

IV. Cançons de paper fi: preliminars (p. 52)
ded. 1977: *Als meus pares: ells saben* | *que a l'Urgell les móres no vénen pel juny*

1. Lluna granada: *Company, mosseguem la vida!...* (p. 55)
v. 2 1977, LA: La forma que l'autora va donar al vers en totes les edicions que va controlar (*Que l'amor ens ragui els llavis:*), amb *ragui* subjuntiu del verb *raure* ('tallar'), es banalitza per error en les reedicions pòstumes a Llibres de l'Óssa Menor (*Que l'amor ens ragi als llavis*).

2. Estrelles baixes, veles altes: *Si en mirar-te les ungles...* (p. 68)
v. 11 1977: un cel de cotó-en-pèl [ort.]
v. 22 1977: copsat rels i sandàlies, [punt.]

## BRUIXA DE DOL

### EDICIONS DE REFERÈNCIA

1979 *Bruixa de dol*
Sant Boi de Llobregat: Edicions del Mall (Llibres del Mall, 32)
Primera edició: maig del 1979
Dibuix de la coberta de Joan-Pere Viladecans
96 pàgines

LA *Llengua abolida* (p. 79-170)

1992 *Bruixa de dol*
Barcelona: Edicions 62, 1992 (Els llibres de l'Escorpí. Poesia, 152)
96 pàgines

A 1979 (i a les tres reimpressions idèntiques que se'n van fer a Llibres del Mall: 1980, 1981 i 1985) és tipogràficament molt clara la divisió del llibre en dues parts («Bruixa de dol» i «Avui les fades i les bruixes s'estimen»), que apleguen, la primera, un poema introductori ('Divisa') i quatre seccions i, la segona, un poema introductori (*Avui, sabeu?, les fades i les bruixes...*) i tres seccions. Potser pel fet que el títol del llibre (*Bruixa de dol*) és també el títol de la primera part («Bruixa de dol») —a més, també, del de la quarta secció d'aquesta primera part ("Bruixa de dol")—, a LA va caure la portadella de la primera part i l'organització del llibre hi va quedar emmascarada. A 1992 va desaparèixer també la portadella de la segona part, i l'estructura bipartida s'hi va esborrar del tot. Aquí la recuperem.

A 1979 (i a les reimpressions de Llibres del Mall) el volum portava una dedicatòria de conjunt (*A nosaltres, les dones que estimo*) despareguda a LA i 1992 (però a LA la fórmula és represa, i generalitzada al conjunt del volum, a l'últim paràgraf de «Sota el signe del drac»: cf. p. 9).

VARIANTS

Tombant: preliminars (p. 83)
ep. 1977: No hi ha la indicació d'«anònim» al peu de la citació.

Tombant, IV (p. 86)
v. 1-2 1977: La mort crema el darrer rostoll | i aparia la rella. [punt.]

Tombant, VI (p. 88)
v. 2 Després d'aquest vers hi ha una ratlla blanca a 1979, que recuperem (la majoria de poemes de la sèrie inclouen una o més pauses de blanc); a LA (suposem que per error) i a 1992 (que reprodueix el text de LA) la blanca va desaparèixer.

Foguera joana, VI (p. 100)
v. 2 1979, LA: no enduraria tres guerres, [punt.]

Bruixa de dol, II (p. 105)
v. 4 1977, LA: mor) i jo prenc la copa que m'allarga. [Adoptem la lliçó de 1992, que resol el problema de puntuació que presentaven les edicions anteriors.]

Bruixa de dol, VI (p. 109)
v. 5 LA, 1992: Obre la capsa, i fugirà un colom. [El punt al final del vers es va introduir per error a LA —i es va mantenir a 1992— segurament perquè la frase entre guions del vers següent comença amb majúscula; però aquesta majúscula respon al fet que es tracta d'una frase independent en estil directe, incrustada al mig de *i fugirà un colom ... i et volarà a la mà.*]

*Avui, sabeu?, les fades i les bruixes s'estimen...* (p. 119)
v. 1 1977, LA, 1992: Avui, sabeu? les fades i les bruixes s'estimen [punt.]
v. 4 1977: endevinen l'enllà, on les ombres s'afinen.

Els núvols duien confeti a les butxaques (p. 121)
tít. Tant a 1979 com a LA i 1992, *confeti* apareix escrit *confetti.*
ep. Els quatre versos entre parèntesi (*Vaig desar a l'armari...*) aparei-

xen en disposició de lema a 1979 i en disposició de poema independent a LA i 1992. Ens inclinem per tractar-ho com a lema.

Els núvols duien confeti a les butxaques, I (p. 121)
ded. 1979: Sense dedicatòria.
v. 7 1979, LA: a l'avenc del teu mirar [punt.]

Els núvols duien confeti a les butxaques, II (p. 122)
v. 9 1979, LA, 1992: Si fa córrer l'escombra [punt.]
v. 10 1979, LA, 1992: conillets a amagar! [punt.]

Els núvols duien confeti a les butxaques, III (p. 123, 124)
ded. 1979: Sense dedicatòria.
v. 46 1979: i de l'hostal [punt.]
v. 52 1979: a la masia [punt.]

Els núvols duien confeti a les butxaques, IV (p. 125, 126)
ded. 1979: Sense dedicatòria.
v. 43 LA, 1992: i en vell cor del carrer [Restablim la lliçó de 1979, *i en el vell cor del carrer*, mètricament necessària.]

Els núvols duien confeti a les butxaques, VI (p. 129)
ded. 1979: Sense dedicatòria

Els núvols duien confeti a les butxaques, VI (p. 130)
v. 30 1979, LA: —flor de taronger [punt.]
v. 38 1979, LA: —flor de taronger [punt.]
v. 42 1979, LA, 1992: —flor de taronger [punt.]
v. 44 1979: vers sagnat
LA, 1992: (com m'ha fadat a mi). [En tot el poema només van sagnats els versos de *la flor del taronger* o de *la flor de la tarongina*; aquest, doncs, com a LA i 1992, no hi ha d'anar. Però el punt final que afegeixen LA i 1992 és sobrer.]

Els núvols duien confeti a les butxaques, VIII (p. 132)
ded. 1979: Sense dedicatòria.
v. 2 1979: Hi ha violetes a desdir! [punt.]
v. 3 1979, LA, 1992: anirem lluny sense recança [Hi posem majúscula.]

v. 13 1979: Partim pel març, amb la ventada, [punt.]

Sense llops ni destrals, I (p. 133)

v. 7 1979: i mires endarrere, on hi ha les violetes [punt.]

v. 13 La lliçó és unànime a totes les edicions (*i el vell teatre ens lliga amb teranyines malaltes*); per escandir l'alexandrí, o bé cal suposar que hi ha una cesura anòmala (*lliga amb* | *teranyines*) o bé que hi ha la cesura recta (*lliga* | *amb teranyines*) però que cal llegir *tranyines* en lloc de *teranyines.*

Sense llops ni destrals, II (p. 134)

ded. 1979: *Per a nosaltres, Quima*

Sense llops ni destrals, III (p. 135)

ded. 1979: Sense dedicatòria.

Sense llops ni destrals, IV (p. 136)

v. 4 1979: on no hi arribi el glaç de la galerna.

Sense llops ni destrals, V (p. 137)

ded. 1979: *Per a l'Adela*

v. 10 1979: i amb alfabets prestats inventem per demà. [punt.]

Sense llops ni destrals, VI, 2 (p. 139)

v. 7 1979, LA: Penyora aquest joc, duré, demà al matí,

Vuit de març (p. 141)

ded. 1979: *Per a les «Bruixes de Dol»*

v. 20 1979: el bluet i el sabó | LA, 1992: el blauet i el sabó [Afegim el punt final perquè ha de tractar-se d'una errata no detectada.]

## SAL OBERTA

### EDICIONS DE REFERÈNCIA

1982 *Sal oberta*
Sant Boi de Llobregat: Edicions del Mall (Llibres del Mall, 66)
Primera edició: maig del 1982
104 pàgines

LA *Llengua abolida* (p. 171-274)

1994 *Bruixa de dol*
Barcelona: Edicions 62, 1994 (Els llibres de l'Escorpí. Poesia, 161)
112 pàgines

LA amplia el contingut de 1982 (reimprès sense canvis el 1985 a Llibres del Mall) afegint quatre poemes en una secció nova a l'inici de la tercera part. Una nota de l'autora al verso de la portadella (p. 172) ho especifica, i afegeix dues precisions sobre la primera secció de la primera part («Festanyal de l'aigua») i sobre la quarta part («Raval d'amor»):

> La part intitulada «Festanyal de l'aigua» va ser finalista del premi Ausiàs March de Gandia 1979 i «Raval d'amor» va guanyar la flor natural dels Jocs Florals de Barcelona l'any 1981.
> Hi he afegit els quatre poemes de la secció «Baula».

A LA és l'únic dels llibres en què no s'afegeixen al títol les dates de composició (que han de ser 1979-1980).

Els crèdits de 1994 consignen que el text adoptat és el de «l'edició definitiva apareguda en el volum *Llengua abolida (1973-1988)*».

### VARIANTS

Festanyal de l'aigua, II (p. 150)
v. 3 LA, 1994: Veus! L'ocell fosc ha baixat a l'onada [Restituïm l'in-

terrogant de 1982 —*Veus?*— en lloc de l'exclamació que devia introduir-se per errata a LA i que després va reproduir 1994.]

Festanyal de l'aigua, III (p. 151)

v. 13 LA, 1994: I escapem per la plaça major d'aquest neguit [Restituïm la lliçó *escampem* de 1982; *escapem* deu ser una errata inadvertida a LA i a 1994. El sentit de la frase, completada al v. 14, ho demana: *escampem serramostre* (dialectal: 'rastre') *de mel i de llet i de fulles...*]

Festanyal de l'aigua, VII (p. 155)

v. 8 1994: La balma de la llengua, el congost entre llunes...

v. 13 1982: I hi ha aquest gran escut, com un mol·lusc gegant [punt.]

Festanyal de l'aigua, XIV (p. 162)

v. 12 1982: Pel sucre, la canyella, per la sal i el pebre.

Post scriptum (p. 177)

v. 1 1982: Quan, vestida de lluna, vaig llegir-me la mà [punt.]

Set cançons esparses i un romanç, I (p. 181)

v. 20-21 1982, LA: com la tempesta el torb, | pel mar sense baranes [Els canvis introduïts a 1994 (puntuació forta després de *torb* i espai estròfic abans dels dos versos finals del poema) no estan assenyalats a les fotocòpies de LA que van servir d'original. L'autora per tant, devia introduir-los en el procés de correcció de proves.]

Set cançons esparses i un romanç, II (p. 182)

v. 9 1982: O el dit gros del meu peu!?

Set cançons esparses i un romanç, III (p. 183)

v. 6 1982: amor sí que hi passaré [punt.]

v. 7 1982: plenes d'olives i amor [punt.]

v. 16 1982: em despullen l'oliver!

Set cançons esparses i un romanç, VI (p. 186)
v. 13 1982: De la teva cabellera [punt.]

Romanç de la solitud sense sabates (p. 189)
v. 49 1982, LA: Escaquer d'ombra i de sal, [punt.]
v. 50 1982, LA, 1994: —sang i tinta, lluna amarga— [1982 i LA presenten coma al final del v. 49, just abans del guió amb què comença el v. 50; 1994 resol el conflicte tipogràfic suprimint la coma (ja a la fotocòpia de LA que va servir d'original, on la supressió està indicada en bolígraf negre) però no la desplaça al final del segon guió, que és el que fem nosaltres.]

Baula (p. 193-196)
1982: Aquests quatre poemes no hi són; l'autora adverteix que incorpora la secció a LA en la nota bibliogràfica corresponent a *Sal oberta*.

*M'han fet un ventre els guals oberts de la fortuna...* (p. 196)
v. 3 LA: I l'amor que encertava amb bec de col·librí [L'esmena de la grafia errònia *col·librí* està assenyalada en bolígraf negre a la fotocòpia de LA que va servir d'original per a 1994.]

L'hort foscant de l'atzar, I (p. 197)
v. 13 1994: Sents? La lluna davalla i et crida: quin mal glaç [El responsable editorial de 1994 suprimeix aleatòriament alguns signes d'interrogació en preguntes que afecten més d'un vers; en tots aquests casos tornem a les lliçons de LA.]
v. 14 LA: et llastà? Vés-hi! Nega't al ple de la tendresa» [*et llastà*, en lloc de *et llasta* de 1982 i 1994, deu ser una errata de LA.]

L'hort foscant de l'atzar, III (p. 199)
v. 14 1982: El bleix que aviva en dansa d'aram les fulles mortes [punt.]

L'hort foscant de l'atzar, IV (p. 200)
v. 1 1994: Hoste que has arribat de cop, sense ambaixada. [punt.]

L'hort foscant de l'atzar, V (p. 201)
v. 6 1994: i arrancar-te del clos i, enllà de la carena, [punt.]

Cançons de l'enforcall, I (p. 205)
v. 1 LA: Cosia, a punt d'alba,
v. 3 1994: amb fil de seda blanca: [1994 resol així la caiguda del guió amb què comença el v. 4 a 1982.]
v. 4 LA, 1994: moreres de la mort, [Restituïm el guió inicial de 1982.]
v. 8 El responsable editorial de 1994 suprimeix el signe d'interrogació inicial en aquest vers, i al v. 10 i al v. 13 també; els restituïm.

Cançons de l'enforcall, II (p. 206)
v. 4 1982, LA: a cor desert, t'enfiles | 1994: a cor desert, t'enfiles. [Els quatre primers versos del poema els ocupa un vocatiu; tant a 1982 com a LA hi falta un signe de puntuació, que no pot ser una coma perquè el vers següent comença amb majúscula (*Digues*). El punt que hi va posar el corrector de 1994, ja al joc de fotocòpies de LA que va fer d'original per a la fotocomposició, no sembla una opció sintàctica viable; hi posem un signe d'admiració, equiparable per exemple al que tanca el vocatiu inicial de «L'hort foscant de l'atzar», IV (p. 200, v. 1).)

Sal oberta (p. 211)
ded. 1982, LA: A Tània Fraylinck, soltera i mare

Sal oberta, V (p. 216)
v. 6-7 1982: i, amb un gest sense | trampes,
v. 8-9 1994, per errata, uneix aquests dos versos en un de sol.

Sal oberta, VIII (p. 219)
v. 11 1982, LA: que esborra amb sal el rastre de la guerra— [La supressió del guió (sobrer a final d'estrofa) i l'afegitó del punt imprescindible ja estan assenyalats en bolígraf negre al joc de fotocòpies de LA que va fer d'original per a la fotocomposició de 1994.]

Raval d'amor, II (p. 224)
v. 17 1982: per on m'enfilo, a voltes, amb les xinel·les velles [punt.]

## ESCARSERS

### EDICIONS DE REFERÈNCIA

LA *Llengua abolida* (p. 275-289)

Els sis poemes aplegats en aquesta secció van ser recollits en llibre per primera i única vegada a LA. En dóna fe la nota de l'autora al verso de la portadella corresponent:

> Aquesta breu secció, ben heterogènia, aplega poemes que fins ara només s'havien donat a conèixer marginalment. Tot i que la majoria pertanyen a 1982, per les seves característiques crec que cal situar-los entre *Sal oberta* i *Terra de Mai*. Els 'Pasquins per a la revolta vegetal' foren escrits per a la Marxa Antinuclear de l'estiu de 1980; el primer —'Baixeu, veniu a la dansa futura'— fou imprès i repartit realment com un pasquí per les Dones per la Marxa Antinuclear. El segon, musicat i cantat en la mateixa ocasió. 'Cançó de tardor', conjuntament amb una altra que no dono aquí perquè n'he extraviat la versió definitiva, fou un encàrrec de Teresa Vilardell, per a una versió teatral de *La parada*, de Ruyra.

### VARIANTS

Pasquins per a la revolta vegetal, I (p. 227 i 229)

tít. A la nota de LA, l'autora dóna per a aquest poema el títol 'Baixeu, veniu a la dansa futura'. No hem pogut veure el pasquí repartit per les Dones per la Marxa Aninuclear del 1980, però l'estiu del 1984 el poema es va reproduir al *Butlletí del Centre d'Estudis de la Terra Alta* (núm. 6, p. 19-20) amb el títol que hi dóna l'autora, acabat amb doble admiració ('Baixeu, veniu a la dansa futura!!'). Fora del títol i del v. 24 (que hi acaba amb el mot *rastre* en lloc de *rostre*), el text és idèntic al de LA.

v. 57 Abans de l'estrofa que comença amb la represa del vers *No dem més ales al vol de la queixa!*, a LA (suposem que per error) l'espai interestròfic és triple.

v. 82 LA (i *Butlletí del Centre d'Estudis de la Terra Alta*): contra corrent, tramuntant els orígens. [Hi posem la majúscula.]

Cançó de tardor (p. 234)

v. 15 LA: passarells de pit vermell. [ort.]

## LA GERMANA, L'ESTRANGERA

EDICIONS DE REFERÈNCIA

1982 *Terra de Mai*
València: Edicions El Cingle (Papers Erosius, 4)
Primera edició: setembre de 1982
Dibuix de la coberta de Josep Uclés
40 pàgines

1985 *La germana, l'estrangera*
Sant Boi de Llobregat: Edicions del Mall (Llibres del Mall, 90)
Primera edició: octubre del 1985
Dibuix de la coberta de Maria Girona
132 pàgines

LA *Llengua abolida* (p. 291-416)

1995 *La germana, l'estrangera (1981-1984)*
Barcelona: Edicions 62, 1995 (Els llibres de l'Escorpí. Poesia, 173)
144 pàgines

L'opuscle del 1982 (i quatre opuscles més, entre aquell any i el següent) va aparèixer en una col·lecció endegada per Marc Granell i altres poetes valencians, que es publicava amb la marca d'Edicions El Cingle però comptava amb l'empara empresarial d'Edicions del Mall; de fet, al registre de l'ISBN els cinc primers títols de Papers Erosius hi figuren com a títols d'Edicions del Mall (i els quatre següents hi figuren com a títols de la Federació d'Entitats Culturals del País Valencià), i a la pàgina de crèdits del volum hi diu que l'«empresa dipositària» és Edimallsa (i, a la contracoberta, que Edimallsa és la «coordinadora»).

A 1982, tant a fora (llom i coberta) com a l'interior (anteportada i portada), el títol hi apareix escrit sencer amb majúscules; només a la llista de títols de la col·lecció que tanca el volum hi apareix amb majúscules i minúscules, i hi surt grafiat així: *Terra de mai*. A 1985, en totes les mencions la paraula final porta majúscula: *Terra de Mai*. Semblantment a LA, al pròleg del volum ('Sota el signe del drac'); en canvi, hi apareix amb minúscula (*Terra de mai*) tant a la nota bibliogràfica d'«Escarsers» i de *La germana, l'estrangera* com a la portadella de la primera part d'aquest llibre, que és el mateix que passa a 1995, als crèdits i a l'índex. Aquí adoptem la forma *Mai*, que té l'avantatge de correspondre al nom propi de la destinatària dels poemes i, alhora, de no impedir que es llegeixi com a adverbi (cf. la citació de García Lorca a la p. 241: «¡Amor de Siempre, amor de Nunca!»; el vers original diu «¡Amor de siempre, amor, amor de nunca!» i pertany al poema 'Tu infancia en Menton', de *Poeta en Nueva York*: les majúscules als adverbis *Siempre* i *Nunca* les hi va posar expressament Maria-Mercè Marçal).

L'exemplar de 1982 que hem consultat pertany al fons familiar de Maria-Mercè Marçal i conté unes quantes anotacions manuscrites de l'autora, que consignem allà on pertoca.

A 1985 (p. 7-9) hi ha la nota preliminar de l'autora, sense títol, que reproduïm a continuació:

> *La germana, l'estrangera* aplega en un sol volum el recull de poemes, escrits entre 1982 i 1984, que amb el mateix títol va guanyar el premi López-Picó de 1985, i un breu llibre de sextines anterior, *Terra de Mai*, escrit l'any 1981 i publicat un any més tard en una efímera col·lecció valenciana.
>
> Aquest darrer llibre ha estat especialment desafortunat en molts aspectes, i, en concret, en la seva difusió. Així i tot, no m'hauria decidit a incloure'l en la present edició si cregués que fer-ho restaria coherència o unitat al conjunt. Ben al contrari, a hores d'ara, *La germana, l'estrangera* em semblaria incomplet sense les sextines que li fan de pòrtic.
>
> Això, que, a nivell intuïtiu, és per a mi molt clar, se'm complica extraordinàriament a l'hora d'intentar-ne una justificació raonada, explicitada. No n'hi ha prou, crec, en un producte literari, d'apel·lar al referent vivencial: si «Sang presa» —és a dir, la tercera part d'aquest llibre— és, des d'aquest punt de vista, la continuació de «Terra de Mai», també la segona part, «En el desig cicatritzat i en l'ombra», enllaça, pels fets que s'hi reflecteixen, amb *Sal oberta*; i, en canvi, sento, en aquest darrer cas, que entre uns poemes i els altres hi ha una distància enorme, que va més enllà dels dos o tres anys que en separen l'escriptura.

Tampoc no és en el nivell diguem-ne formal on els tres components d'aquest volum troben la seva unitat. «Terra de Mai» es singularitza, des d'aquest punt de vista, del conjunt, molt més heterogeni, molt més «lliure», pel fort caràcter que imprimeix la vella —i, a través de Joan Brossa, també nova— combinació estròfica d'Arnaut Daniel. Paradoxalment, però, la rígida estructura de la sextina dóna marges, endega, una imatgeria molt més «desbridada i folla», per dir-ho amb mots de Clementina Arderiu, que no pas la de la resta del llibre, on la flexibilitat mètrica va aparellada amb una contenció, un control més fort sobre el curs de les imatges i sobre la dicció, en general.

I, tanmateix, és en aquest terreny —el de les imatges— i, sobretot, en el món fantasmagòric que, a través d'elles, s'intenta fer present on les tres parts d'aquest volum troben la seva estreta relació: són habitades pels mateixos fantasmes. *Terra de Mai* els va obrir de bat a bat la porta. Els poemes de tot el llibre *La germana, l'estrangera* no només reflecteixen, sinó que formen part essencial del meu cos a cos amb ells, del meu esforç permanent per conjurar-los:

> i són de nou els mots
> que mosseguen la carn
> com els ullals d'un talp
> per eixamplar-li els límits
> del seu paisatge clos.

—

Un gran mirall, sense marc ni límits, divideix l'espai. ¿Qui, a banda i banda? ¿Mare, amant, filla, germana, estrangera? Domini fosc. Ball frenètic d'ombres davant d'una paret closa, d'un vidre impenetrable. Joc d'identificacions brutal i paralitzador, on el vampir clava l'estaca al cor del vampir, on l'assassí i la víctima han fet, abans, un pacte de sang, on una part és alhora «plaer | de fletxa a trenc de sang» i despossessió absoluta, per a totes dues bandes:

> Com si un tauró m'arrenqués una mà...

i també:

> Mar que m'escups, un cop m'has seduït

Mare, filla, amant?: la germana, l'estrangera. Un tu i un jo que es confonen:

> . . . com una embosta
> de sang extasiada que borbolla
> d'una mateixa mort i se n'abeura
> tesant una abraçada de sal viva

—

En conjunt, *La germana, l'estrangera* aplega poemes escrits al llarg de quatre anys, és a dir, un període de temps força dilatat. Se'm fa difícil d'enumerar totes les persones que m'hi han fet costat. Voldria, però, fer constar el meu reconeixement a les dones del «Grup» —Tània, Rosa, Dolors, Pepi i Anna— que, entre moltes altres coses, han fet menys solitari el meu debatre'm en els trencacolls d'això que en diuen «maternitat». A Pep Parcerissa, per sis anys d'amistat a tota prova. A la Tona —i al petit Adrià— per les semblances i per les diferències. A les Massip, que, si són tres, és per alguna cosa... A la Magda, germana meva en el sentit estricte de la paraula... A Mireia Mur, per la seva lectura de l'original i pels seus suggeriments, que en general he seguit. A Josep Uclés, pel dibuix de la coberta de la primera edició, tan poc sortosa, de *Terra de Mai*, amb la recança deguda. A Maria Girona, pel de *La germana, l'estrangera.*

I, encara que el llibre era ja escrit quan et vaig conèixer, a l'hora de publicar-lo vull dedicar-te'l especialment a tu, Fina. Encara que no t'agradi que t'ho digui: gràcies.

MARIA-MERCÈ MARÇAL
setembre de 1985

A la nota bibliogràfica de LA (p. 292), després de donar la referència de 1982 i 1985, l'autora consigna:

> Hi he afegit els poemes 'Sóc de dia l'obrera', 'Berceuse', 'Vaig abdicar de mi', 'Èpica en camp clos' i la primera part del poema 'Eva'.

## SUPLEMENT A «TERRA DE MAI»

A les Primeres Jornades Marçalianes, celebrades els dies 18 i 19 de maig del 2007 a la Biblioteca Vapor Badia de Sabadell, Mai C. Álvarez hi va presentar una sextina inèdita, recollida a les actes amb el títol «Una altra sextina XV» (*Llavor de cant, lluita en saó*: *I Jornades Marçalianes*, Sabadell: Fundació Maria-Mercè Marçal, 2008, p. 127-129). Segons Mai C. Álvarez, destinatària de *Terra de Mai*, Maria-Mercè Marçal no va enllestir l'última sextina de la sèrie fins ben entrat el 1982 (només les catorze primeres, doncs, correspondrien realment a la datació que dóna l'autora per al conjunt: «primavera d'hivern, 1981», cf. p. 273). Abans de cloure el cicle, Maria-Mercè Marçal va fer a mans de Mai C. Álvarez dues versions diferents de la sextina final, numerades 15-1 i 15-2; la segona era una versió prèvia de 'L'ombra de l'altra festa' (p. 272-273), mentre que la primera va quedar descartada i, per tant, inèdita per voluntat de l'autora.

Posteriorment a la presentació a les Jornades, però amb anterioritat a la publicació de les actes, la sextina es va incloure al disc *Lluna, sal, sang, exili i sextina inèdita: Núria Candela diu Maria-Mercè Marçal*, amb música de Concepció Ramió, editat per Audiovisuals de Sarrià l'abril del 2008. A més del text de la sextina, al llibret del disc s'hi reprodueix un fragment de la comunicació de Mai C. Álvarez a les Jornades, que es pot llegir íntegrament al núm. 15 de la segona època de la revista de cultura *El Maquinista de la Generación* (Màlaga: juliol 2008), p. 50-52, amb el títol «Ausencia de la copia mecanografiada de la sextina XV de Maria-Mercè Marçal y la aparición de una sextina XVI».

El text de la sextina inprès a *Llavor de cant, lluita en saó* és una transcripció fidel de l'original mecanoscrit, que es pot veure reproduït tant a l'article de Mai C. Álvarez a la revista malaguenya com al llibret del cedé. Nosaltres intervenim molt mínimament en el text que en donem a continuació: hi afegim les comes necessàries als versos 10, 19, 21, 31 i 37, els punts finals dels versos 24, 30 i 35, i al vers 33 corregim *licorella* en *llicorella*.

Amor, no em deixaré créixer la trena
per esperar-te. Sents? Sota la pluja
no vull paranys de seda en els teus llavis.
T'esperaré a nit batent, sense ombra,
sense paraigua ni cabells. La lluna,
sola i amb mi, em coronarà de fulles.

Sola i amb mi, em coronarà de fulles
la solitud; llavors la meva trena
florirà amb l'esponera de la lluna
i, desnuant-se en cascadeig de pluja,
s'abraçarà al teu cos, com si en fos l'ombra,
i farà el ple on granen els teus llavis.

No vull paranys de seda en els teus llavis
ni xarxa a la marea de les fulles.
Emboscada en els plecs de la teva ombra,
amor, no em deixaré créixer la trena
per esperar-te: creixerà la pluja
i el meu desig, arrapat a la lluna.

Sense paraigua ni cabells, la lluna,
l'hora i la sal creixeran als meus llavis.
T'esperaré, sense trena o amb pluja,
al punt on tot canvia i on les fulles
obliden l'arbre, quan la tardor trena
aram i vent i el verd relleu de l'ombra.

T'esperaré a nit batent, sense ombra
de tu: només l'empremta de la lluna.
Camí i atzar hauran segat la trena,
les arrels mortes, l'estigma dels llavis.
El cor més vell es fondrà entre les fulles
i avivarà les brases de la pluja.

Per esperar-te, sents?, sota la pluja,
sense esperar-te, em dic i et dic que l'ombra
—llicorella d'oblit, cendra de fulles—
només és l'altra cara de la lluna
quan la tristesa du una rosa als llavis.
Sense esperar-te em creixerà la trena.

T'esperaré, amb trena o sense pluja,
i en primavera de llavis o d'ombra
la lluna ens trenarà amb cabells o fulles.

VARIANTS

Terra de Mai: Advertiment (p. 243)

tít. 1995, ja a les fotocòpies que van servir d'original per a la fotocomposició, substitueix el títol «Advertiment» per «Nota de l'autora».

l. 15 A 1982 i 1985, l'últim paràgraf comença amb la locució *D'altra banda,* (en lloc de la locució *A més,* que és la lliçó que presenten LA i 1995).

Sextina-mirall (p. 245)

v. 37 A l'exemplar de 1982 que hem consultat, el primer vers de la tornada (*Tu i jo i la terra que anomenem sexe*) té al damunt una variant manuscrita de l'autora (*Tu i jo i la terra esdevinguda sexe*), no incorporada en cap edició.

La festa de la sal (p. 248)

v. 21 1982, 1985: Ens creixen arbres com si fossin terra [La lliçó definitiva de LA i 1995 (*Ens creixen arbres com si fóssim terra*) està indicada en bolígraf a l'exemplar de 1982 que hem consultat.]

Sextina dels sis sentits (p. 252)

v. 16 1982, 1985: triomfa la veu vella de la poma [punt.]

Mai (p. 254)

v. 23 1982, 1985: ¿Trobarà mar, pels camins del teu cos [punt.]

De parar i desparar taula (p. 260)

v. 6 1982, 1985: toca les cinc. Vindràs?) Tota la casa [punt.]

v. 14 1982, 1985: s'amaguen els neguits. Fora de casa [punt.]

Sextina reivindicativa (p. 262, 263)

v. 9 1982: Deixa'm clamar, adolescent d'ofici [punt.]

v. 25 1982, 1984, LA: Amor, ja ho sé que ens cal una altra paga [punt.]

v. 27 1982, 1984: i estimar d'altra gent. Però, saps què? [punt.]

v. 28 1982, 1984: El meu desig reivindica el lleure [Amb majúscula inicial per l'absència de coma al final del vers anterior.]

v. 37 1982: amor, ¿per què ens escapça el vol l'horari, [La supressió del signe d'interrogació està assenyalada en bolígraf a l'exemplar de

1982 que hem consultat. Per tant, és del tot deliberada la decisió de no assenyalar el salt de la interrogativa indirecta (v. 36: *demanant-me per què*) a la interrogativa directa que l'interrogant final (v. 39) obliga a veure en l'última frase.]

Sextina revolta (p. 264, 265)

v. 11 1982: menta, desig i el corc tenaç que el mina.

v. 12 1982: No ho veus? el corb s'ha aturat a l'escala

v. 13 Abans d'aquest vers (que comença amb la cua *de casa*) 1982, 1984 i LA no presenten la separació estròfica, que s'hi introdueix a 1995.

v. 31 Abans d'aquest vers (*no cessa, amor, i tota jo sóc lluita*) 1982, 1984 i LA no presenten la separació estròfica, que s'hi introdueix a 1995.

v. 39 A l'exemplar de 1982 que hem consultat, el signe d'admiració final està canviat, en bolígraf, per un signe d'interrogació (*quan, dins, els besos facin la revolta?*).

L'engruna de la festa (p. 270, 271)

v. 12 1982: malalts i on res no vetlla per la festa. [punt.]

v. 22 1982: civilitzat veiem com lleva l'ombra [punt.]

v. 32 1982, 1985, LA: Un vent desert ha expoliat els boscos. [ort.]

L'ombra de l'altra festa (p. 273)

v. 39 1982: besos i verd i solitud en festa? [L'esmena en *boscos i bes i solitud en festa?* (necessària perquè a la tornada hi faltava la paraula rima *boscos*) està assenyalada a l'exemplar de 1982 que hem consultat en lletra manuscrita de l'autora.]

En el desig cicatritzat i en l'ombra (p. 277)

ep. Els tres versos inicials (*La carn, sense paraules...*) apareixen en disposició de lema a 1985 (al verso de la portadella, en cos menor, en cursiva i arrambats a la dreta). A LA, per error, estan a mig camí entre l'epígraf (sense cortesia de blanc) i el poema independent (cos normal, centrat dintre la caixa). A 1995 apareixen com un poema més, el primer de la sèrie. Tant per la funció que fan d'indicació sumària del contingut de la secció com pels casos paral·lels d'«Els núvols duien confeti a les butxaques» (p. 121) i *Raó del cos* (p. 463), ens inclinem per tractar-ho com a lema.

ep., v. 3 1985: *I jo que havia llegit tots els llibres...!* [punt.]

*T'he engendrat amb dolor...* (p. 278)
v. 19 1985: va reptar, gorga endins [punt.]
v. 22 1985: de tenebra eixorbada [punt.]

*El teu cos riu i riu...* (p. 289)
v. 3-4 La lliçó *d'altres maliciosa- | ment per sota el nas* és unànime (1985, LA, 1995), però mètricament convé llegir *d'altres malicio- | sament per sota el nas.*

*El teu dolor...* (p. 290)
v. 5 1985, LA: mandrons de fona [La correcció de 1995 (*còdols* en lloc de *mandrons*) es devia fer sobre proves, perquè a les fotocòpies que van servir d'original per a la fotocomposició no hi està assenyalada. En qualsevol cas, la correcció era necessària: pròpiament, el mandró és la fona mateixa (i antigament fins i tot un instrument més gran proveït de diverses fones) i no pas el roc que hi fa de projectil.]

*¿Quin sol desdentegat...* (p. 292)
1985: Per error, el poema comença a dalt de tot de la caixa, sense les blanques de cortesia.

*Cadell enjogassat, manyac i esquerp...* (p. 294)
v. 7 1985, LA: al món indòmit, l'espai sense fites, [punt.]

*Petita guerrillera, sagitària...* (p. 295)
v. 5 1985: bategen els paranys de cada dia: [punt.]

*Sóc de dia l'obrera...* (p. 296)
El poema no figura a 1985; l'autora adverteix que l'incorpora a LA en la nota bibliogràfica corresponent a *La germana, l'estrangera.*

*Ve la infanticida...* (p. 300)
v. 12 Tot i que en la llengua literària, d'ençà de Verdaguer, el substantiu *allau* és regularment femení, Coromines (s.v. *llau*) adverteix que també n'hi ha un ús més rar i secundari com a masculí.

*Amor de sal: claror...* (p. 303) i *L'endemà del solstici de la pluja...* (p.304)
A 1985 aquests dos poemes hi apareixen en l'ordre invers.

*Un tren travessa, com un roc brunzent...* (p. 306)

v. 1 1985, LA: Un tren travessa, com un roc brunzent [punt.]

'Berceuse' (p. 307-308)

El poema no figura a 1985; l'autora adverteix que l'incorpora a LA en la nota bibliogràfica corresponent a *La germana, l'estrangera.*

*I sé que ets tu, i sé que no ets tu...* (p. 310)

v. 9 1985: del teu-meu sexe, entre la seda i l'ónix [ort.]

*He canviat set cops la pell com una serp...* (p. 316)

v.2 1985, LA: i encara repto entorn del marbre del teu nom [punt.]

Èpica en camp clos (p. 317-318)

El poema no figura a 1985; l'autora adverteix que l'incorpora a LA en la nota bibliogràfica corresponent a *La germana, l'estrangera.*

*El teu desig engendrà el meu desig...* (p. 319) i *Perquè he sentit el teu...* (p. 320)

A 1985 aquests dos poemes hi apareixen en l'ordre invers.

*A cada porta l'ou d'or de la mort...* (p. 323)

v. 3 1995: d'un foll travestí que em pica l'ullet. [Deu ser esmena autònoma del corrector de proves del 1995, perquè a les fotocòpies de LA que van servir d'original per a la fotocomposició s'hi llegeix la forma plana *travesti*; si l'hagués vista, l'autora hauria desestimat la correcció perquè malmet el ritme del decasíl·lab.]

*Víctima i assassí...* (p. 330)

v. 5 1985: I així, després [punt.]

*Una porta tancada...* (p. 332)

v. 17 1985: en la porta estellada,

Hydra (p. 334)

v. 1 1985, LA, 1995: Què hi ha sota el teu rostre [Obrim nosaltres l'interrogant inicial, per regularitzar-ho amb els altres casos: s'obre sempre quan la interrogativa ocupa més d'un vers, i mai si n'ocupa un de sol.]

*Vaig abdicar de mi...* (p. 339)

El poema no figura a 1985; l'autora adverteix que l'incorpora a LA en la nota bibliogràfica corresponent a *La germana, l'estrangera.*

Eva, I (p. 348)

La primera part d'"Eva' no figura a 1985; l'autora adverteix que l'incorpora a LA en la nota bibliogràfica corresponent a *La germana, l'estrangera.*

*Riu glaçat...* (p. 350)

ded. 1985: No hi ha dedicatòria.

D'Àrtemis a Diana (p. 357)

v. 29 1985, LA: És a la sang que demano uns ulls nous. [punt.]

## DESGLAÇ

### EDICIONS DE REFERÈNCIA

LA *Llengua abolida* (p. 417-518)

1997 *Desglaç (1984-1988)*
Barcelona: Edicions 62/Empúries, 1997 (Poesia, 12)
112 pàgines

Al verso de la portadella de LA hi consta la llegenda: «Ajut a la creació literària del Ministeri de Cultura, 1986». La informació es reprèn a la pàgina de crèdits de 1997.

A LA, les dedicatòries dels poemes van impreses a sobre del primer vers, a la dreta; a 1997 es concentren en un apartat final d'endreces (p. 101), i hi ha algun canvi de redacció. Tots aquests canvis devien fer-se a les proves, perquè les fotocòpies de LA que van servir d'original per a la fotocomposició de 1997 no presenten cap indicació en aquest sentit. Per mantenir la congruència amb la resta del volum, reincorporem les dedicatòries a sobre dels poemes, com a LA, però en la forma en què figuren a 1997 (i fem constar les discrepàncies a l'aparat de variants, naturalment).

Una diferència major entre LA i 1997 és la supressió, en el segon dels dos volums, del poema 'Els feliços', que figurava en el primer, a la secció «Ombra de presa», entre *De vegades el glaç crema la sang...* (p. 389) i 'Maternitat' (p. 390); al joc de fotocòpies de LA que va servir d'original per a 1997 hi falta la de les pàgines 448-449, on hi havia el poema finalment descartat per l'autora:

### ELS FELIÇOS

*A E. Gimeno*

I

«Aquests són els feliços», em dius. I un punt d'enveja
enverina l'orgull d'ésser dels altres.
Ens mirem i sentim que som dels altres,
i pactem, sense dir-ho, aquesta tria.

Vénen els mots a segellar l'entesa
ja que els besos s'esforcen per no ser-hi,
fosos entre el record i la recança.

II

Aquests són els feliços: desconeixen
el gep que duen a l'esquena. Tenen
uns ulls pintats a sobre les pestanyes.
Amb els ulls closos sembla que t'esguardin,
i no: sempre contemplen un paisatge,
el mateix, que els somriu amb connivència.
Cecs, es creuen que poden guiar bornis.
—Bornis com tu i com jo, que no sabem
ésser felices perquè ens manca l'ull
que hem pagat com a preu per les paraules.

VARIANTS

Preliminars (p. 360)
ded. LA: A Fina Birulés

*La serp surt de la seva...* (p. 361)
El poema que fa de pòrtic del llibre va en rodona a LA i en cursiva a 1997, a mig camí de fer-se lema. En tant que poema de ple dret, i no simple lema, el donem en rodona.

*Pare, ¿per què no m'abandones...* (p. 374)
v. 1 LA: Pare per què no m'abandones | 1997: Pare, per què no m'abandones [punt. La interrogació l'obrim nosaltres.]

*En aquesta noça el nuvi és l'absent...* (p. 377)
v. 5 LA, 1997: Noça de glaç. Quin foc sabrà [Obrim l'interrogant a *¿Quin foc sabrà.*]

*El riu s'escola, com una sang...* (p. 385)
v. 7 LA: de líquid aminòtic que embolcalla

*A mig aire s'atura...* (p. 386)
ded. LA: A Dolors

*De vegades el glaç crema la sang...* (p. 389)
v. 11 LA, 1997: on el tallant polia la feina de l'hivern [punt.]

Maternitat (p. 390)
ded. LA: A l'Heura
v. 2 LA, 1997 el teu riure. Quin pop [Obrim l'interrogant a *¿Quin pop.*]

La senyoreta Júlia (p. 395)
ded. LA: A l'Anna Lizaran, per la seva interpretació

Punk is not dead (p. 396)
ded. LA: Per a Àngela

Cançoneta lleu (p. 398)
ded. LA: A Pepa P.

*Enmig de murs d'escòria, de ferralla...* (p. 399)
ded. LA: A M. Massip i T. Puigdomènech
1997: Inicialment dedicat a Montse Massip i Antoni Puigdomènech, ara ho és també a la seva filla Cinta [Al text donem aquesta segona forma de la dedicatòria, però escurçada per nosaltres.]

Efímera com totes, una casa... (p. 404)
v. 10 nadó d'abans d'ahir, estrena el món [ort.]

*¿Quin enyor, mal cobert de cassigalls i oblit...* (p. 405)
v. 1 LA, 1997: Quin enyor, mal cobert de cassigalls i oblit [L'interrogant inicial l'obrim nosaltres, i afegim la coma necessària al final del vers.]
v. 6 LA, 1997: cap a tu? | Quin esglai [Obrim interrogant a *¿Quin esglai...*]

*T'estimo amb el meu cos...* (p. 412)
v. 3 LA, 1997: Per quins perduts camins [Obrim interrogant.]

Castells de cartes on escric els noms... (p. 432)

v. 5 LA, 1997: A l'altra banda del mirall, qui em torna [Obrim interrogant.]
v. 7 LA, 1997: Qui destenyeix l'amor, quin mal lleixiu [Obrim interrogant.]

L'anell (p. 436)
v. 1 LA, 1997: Quina petita núvia de set anys [Obrim interrogant.]

¿On trobar-nos, enllà d'aquest espai... (p. 438)
v. 1 LA, 1997: On trobar-nos, enllà d'aquest espai [Obrim interrogant.]

*A voltes el desig se'ns torna mut...* (p. 440)
ded LA: A L. Borràs

## II. POESIA PÒSTUMA

### RAÓ DEL COS

#### EDICIÓ DE REFERÈNCIA

*Raó* *Raó del cos*
Barcelona: Edicions 62/Empúries, 2000 (Poesia, 40)
Pròleg de Pere Gimferrer
Edició a cura de Lluïsa Julià
Primera edició: març del 2000
94 pàgines

El pròleg de Pere Gimferrer (p. 7-9), datat a Barcelona el 30 de gener del 2000, diu així:

> Semblen paraules sagrades, ferides com estan per l'entelament de la mort; i tanmateix, de manera inconfusible, es tracta d'un llibre de Maria-Mercè Marçal, que succeeix al recull *Llengua abolida* (1989) i, per tant, dellà l'esbiaixament brillantíssim de *La passió segons Renée Vivien*, dóna una resposta a la incògnita relativa a la continuïtat d'una de les nostres veus poètiques més altes: una resposta tardana i amargosa, però punyent.
>
> Allò que de primer sobta del llibre és probablement l'escorça: Maria-Mercè Marçal ha arribat a un punt de nuesa desolada i essencialíssima, i ja podem oblidar-nos tant de la seva destresa per al dring dels sonets i les sextines (que ressona ací encara a 'Furgant per les llivanyes i juntures') com, fins i tot, de la seva capacitat d'estilitzar la cantarella de la lírica popular; només, d'aquesta darrera, en resta un eco, tan valent i dolorós i lúcid que fa com mal de llegir-lo, en els dos versos que clouen cada una de les dues primeres estrofes de 'Covava l'ou de la mort blanca'. I és per la drecera d'aquest poema que ens trobem acarats al segon tret que, de *Raó del cos*, sobtarà inicialment els lectors: tal com passava a *La germana, l'estrangera* amb la maternitat, o a *Sal oberta* amb l'amor lèsbic, o a *Desglaç* amb la mort del pare, hi ha a *Raó*

*del cos* un tema que s'afegeix als ja coneguts de la gran poeta, però aquest tema és ara ni més ni menys que el de la pròpia malaltia i la pròpia mort; no pas cap mort abstracta i metafísica merament, sinó la mort individual i personal, amb una intensitat i una cruesa que ben clares vegades trobaríem en la lírica universal (penso, per exemple i a desgrat de l'aparença dissemblant, en el terrible sonet de Góngora que comença: «En este equinocial, en este, oh Licio...»).

Pel cap baix, onze dels poemes aplegats en aquest llibre tracten de la mort de forma directa o indirecta però del tot nítida; trenant-la, tanmateix, i nuant-la i entreteixint-la amb el tema de la condició de la dona. Perquè, no ho oblidéssim pas: més nu i amb aquesta nova presència temàtica tan aspriva, *Raó del cos* és, per damunt de tot, un llibre de Maria-Mercè Marçal i, per tant, un llibre que tracta de la dona, un llibre que tracta de l'amor, un llibre que tracta de la terra i un llibre que tracta de la transmissió literària i l'exalçament poètic de la llengua catalana (no pas directament de la col·lectivitat que s'hi expressa; no li cal, ara; quan s'ha arribat a una familiaritat tan profunda amb el nervi d'una parla, el fet d'escriure-hi ja és prou eloqüent).

La tensió i l'atenció de la poeta no defalleixen mai; és més aviat la nostra tensió el que hem de procurar que no defalleixi, llegint-la. Perquè tot, al capdavall, sembla molt concís i molt diàfan, però, com digué Llull: «Ha.y secret». Cada poema, en si mateix del tot acomplert, té una possible reverberació en cada persona que el llegeixi, si sap ser activa; sense aquesta participació, el poema no pateix cap minva de la seva excel·lència estètica i moral, però el públic deixa d'assolir una més fonda coneixença de si mateix. Una evolució diferent, però no pas antagònica, de la d'un dels seus mestres, Joan Brossa, ha dut Maria-Mercè Marçal des de l'entusiasme enlluernador de la paraula a l'expressió ascètica capaç d'interpel·lar un auditori que no pot reduir-se a la recepció passiva. Aquest paper de la paraula poètica no solament no és inconegut o inèdit, sinó que n'és un dels més antics i genuïns: només així podem llegir Sòfocles, Píndar o Safo. Només així, en català, podem llegir Ausias March o Maria-Mercè Marçal.

PERE GIMFERRER

Els detalls sobre l'elaboració del llibre per part de l'autora i sobre la factura pòstuma del conjunt per part de l'editora els dóna Lluïsa Julià en la «Nota a l'edició» (p. 81-84), datada a Barcelona el gener del 2000, que transcrivim tot seguit (corregint-hi només la grafia del cognom Oppenheim, que hi apareixia en la forma errònia Oppenhein):

> La primavera de 1998 Maria-Mercè Marçal enllestia un recull de poemes amb la intenció de presentar-lo als Jocs Florals de Barcelona, però el seu estat de salut no li ho permeté, moria a principis d'estiu.
>
> El present recull vol donar a conèixer la seva darrera obra poètica i se cenyeix estrictament a la idea de llibre, no gaire extens, que pretenia publicar. No té, doncs, ni un caràcter miscel·lànic ni antològic.
>
> La poeta havia aplegat en un sol document del seu ordinador els poemes que havien de constituir el recull; el nombre s'eleva a vint-i-dos. Algunes d'aquestes composicions i d'altres que hem afegit es troben manuscrites en dues carpetes que contenen el material del llibre. Esbossos, versions parcials o completes d'alguns dels poemes extrets de l'ordinador i d'altres de tema similar; una amalgama que havia evolucionat amb el temps, però que partia de la voluntat d'anys enrere de fer dos llibres, tal com recorda Fina Birulés, *Llibre de Maria* i *Raó del cos*. Els dos títols, escrits de mà de la mateixa poeta en una de les cobertes, donen fe de la intenció concreta a què m'acabo de referir. Vaig creure oportú de triar el segon títol, *Raó del cos*, per encapçalar aquest volum pòstum. Entre el material manuscrit conservat, incorporem la segona estrofa («Sigues sacrílega...») de *Sagrada obscenitat...*, i els poemes *Com si em vingués de tu...*, *T'he negat...*, *Però cosides...*, *A la cruïlla...*, *Covava l'ou de la mort blanca...* i 'Resurrectio'.
>
> No podrem saber la selecció definitiva que hagués fet l'escriptora, però els poemes incorporats, fragments d'un hipotètic poema llarg sobre la mare, real i simbòlica, justifiquen per ells mateixos la seva pertinència dins del recull. També hi incloem 'La dona de Lot', prou conegut, i 'Festival de poesia catalana', cal·ligrama de to irònic, ben divers, que tanca el llibre. Maria-Mercè pensava llegir-lo en l'Acte del Palau de la Música Catalana, celebrat l'abril

de 1995, en commemoració del vint-i-cinquè aniversari de l'històric Price dels poetes 1970, però la dificultat que comporta la seva lectura li ho desaconsellà. El text que acompanya aquest poema, inèdit fins avui, però que la poeta enllestí el desembre del mateix any, diu:

*Barcelona, Palau de la Música Catalana, 26 d'abril de 1995.*

*En el Price d'ara fa vint-i-cinc anys hi va haver tot un seguit d'intervencions no previstes per les autoritats governatives que, com sabeu, van comportar unes sancions pel fet d'haver-se sortit del guió prèviament establert. Com a homenatge a aquell vessant més lliure i reivindicatiu del festival m'agradaria també sortir-me una mica del guió previst.*

*Començaré pel segon poema, el primer no el llegiré, i el substituiré per un poema inèdit que llegiré al final de tot.*

D'altres poemes d'aquest recull havien estat publicats, sovint després de ser llegits en actes o trobades poètiques. Es tracta de: 'València d'Àneu', 'Pèrdua', 'La dona de Lot', *Furgant per les llivanyes i juntures...*, *Dues dones: un pacte...*, «Vels de ceba o la dansa secreta», *Per cada gest...*, *Res no et serà pres: vindrà tan sols...*, *Morir: potser només...*, *Porta entre mar...*, *Vas dir-me: aquest...* i 'Igualtat'. Alguns d'aquests poemes són fruit de la relació de Maria-Mercè Marçal amb les arts plàstiques; en són una mostra la sèrie per als aiguaforts de Francesc Estivill o el poema 'Vels de ceba o la dansa secreta' que Toni Vidal li sol·licità per a la seva exposició fotogràfica «Vestits de ceba»; en un altre ordre, el cal·ligrama 'Festival de poesia catalana' s'inspira en un quadre de la pintora surrealista Meret Oppenheim. *Amb el cos empalat...* va ser llegit, probablement el 1995, en un acte reivindicatiu contra el racisme, com indica el títol 'SOS Racisme/Dona' que he sostret.

Un cop decidits els poemes que pertanyen a *Raó del cos*, la intervenció s'ha concretat a establir l'ordre general dels poemes. Calia buscar-ne la situació més idònia de cadascun dins el conjunt; la meva ordenació ha pretès cenyir-se a les pautes establertes per la mateixa autora; se n'ha derivat la divisió del llibre en cinc parts, la inclusió del breu poema *Amb fils d'oblit...* a tall de lema del llibre i, en la quarta part, la seriació de dos poemes en tres temps.

Pel que fa a l'edició concreta dels versos, he respectat l'estat de cada poema, tot i la diferència entre uns, ben acabats, fins i tot constituint segones versions, amb d'altres encara en estat d'execució; entre els primers destaquen els sis poemes 'Obrir dòcilment la mà per sis aiguaforts de Francesc Estivill'; entre els segons, *Covava l'ou de la mort blanca...*, en què es fa evident la manca de puntuació, la recerca d'un mot encara no escrit—que assenyalo amb tres punts entre claudàtors— o fins i tot d'un vers. Sols he afegit algun punt escadusser al final d'una estrofa i alguna majúscula.

Em resta només donar les gràcies a Fina Birulés i Heura Marçal, que han intervingut en tot el procés, facilitant el material, llegint les diverses propostes i donant suggeriments ben oportuns. I als artistes Toni Vidal i Francesc Estivill per la seva col·laboració en aquesta obra.

LLUÏSA JULIÀ

La col·laboració de Toni Vidal i Francesc Estivill es va materialitzar en la reproducció en blanc i negre d'una fotografia i un aiguafort, respectivament, acompanyant els poemes 'Vels de ceba o la dansa secreta' i *Res no et serà pres: vindrà tan sols...* Acarada amb 'Festival de Poesia Catalana', *Raó* també reproduïa l'obra *Röntgenaufnahme des Schädels M. O.* (Radiografia del crani de M. O.), de Meret Oppenheim.

## PUBLICACIONS PRÈVIES

*Tirant* — *Tirant al Blanc: Revista de Llengua i Literatura*, núm. 4 (Estudi General de Lleida, maig 1991). Inclou 'La dona de Lot' a les pàgines 8-9.

*Duoda* — *Duoda: Revista d'Estudis Feministes*, núm. 6 (Centre d'Investigació Històrica de la Dona, Universitat de Barcelona, 1994). Inclou 'Maternitat' (*Vas dir-me: aquest...*) a la pàgina 95.

*Lectures* — Lluïsa Julià (ed.), *Lectures de Maria-Antònia Salvà* (Barcelona: Publicacions de l'Abadia de Montserrat-Departament de Filologia Catalana i Lingüística General de la Universitat de les Illes Balears, 1996). Inclou *Furgant per les llivanyes i juntures...* a la pàgina 14.

*Herba* Diversos autors, *Herba de prat: Poemes d'Àneu* (Lleida: Pagès editors, 1996. Biblioteca de la Suda, Sèrie Transvària, 4). Inclou 'València d'Àneu' i 'Pèrdua' a les pàgines 45-48.

*Memòria* *Memòria de Maria Antònia Salvà* (Palma: Caixa de Balears «Sa Nostra» i Universitat de les Illes Balears, 1997. Col·lecció poesia de paper, 65. Pàgina 41: «Aquests poemes es llegiren al Centre de Cultura "Sa Nostra" el dia 15 de desembre de 1997».) Inclou 'Furgant per les llivanyes i juntures' i 'Vels de ceba o la dansa secreta' a les pàgines 21-23.

*Dones* Montserrat Palau (ed.), *Dones i literatura: present i futur* (Col·loqui Paraula de Dona II, Universitat Rovira i Virgili. Tarragona: Edicions del Mèdol, 1997). Inclou 'Homenatge a M. Antònia Salvà' (*Furgant per les llivanes i juntures...*), 'A Renée Vivien' (*Dues dones: un pacte...*) i 'A la meva mare' (*Vas dir-me: aquest...*) a les pàgines 118-119.

*Obrir* *Obrir dòcilment la mà.* (Dues carpetes amb sis poemes de Maria-Mercè Marçal i aiguaforts de Francesc Estivill.) Girona: Tristan Barbarà, 1998. Inclou, numerats amb xifres aràbigues, els poemes (1) *Per cada gest...*, (2) *Com la florida...* ['Pèrdua'], (3) *Diferents neixen...* ['Igualtat'], (4) *Morir: potser...*, (5) *Res no et serà pres...* i (6) *Porta entre mar i mar...*

PUBLICACIONS POSTERIORS

*Vestits* Toni Vidal, *Vestits de ceba* (Sant Lluís, Menorca: Triangle Postals, 2012.) L'exposició de fotografies de Toni Vidal que va acabar donant lloc a aquest llibre es va celebrar per primer cop, amb el mateix títol, a la galeria Rosa Ventosa, de Barcelona, el gener del 1996; el poema que Maria-Mercè Marçal va escriure expressament per a l'exposició ('Dansa secreta' = 'Vels de ceba o la dansa secreta') es reprodueix a la pàgina 56 del volum del 2012.

*Senyal* Maria-Mercè Marçal, *El senyal de la pèrdua: Escrits inèdits dels últims anys* (Barcelona: Empúries, 2014.) Inclou un dietari (1989 i 1996-1998) i les cartes a Jean-Paul Goujon (1996-1998); a les dues parts hi ha referències de diversa mena a uns quants poemes.

VARIANTS

València d'Àneu (p. 467)

v. 6 A *Herba* hi falta aquest vers (s'hi llegeix *que en cascada de núvols | es precipita avall*).

Pèrdua (p. 469)

La versió d'aquesta tanka que va aparèixer a *Herba* és idèntica a la de *Raó*. Els dos versos finals, l'autora els cita a les anotacions de dietari de l'1 i del 2 d'agost del 1996 (*Senyal*, p. 29 i 30).

tít. A *Obrir* (2) no té títol.

v. 3-4 *Obrir* (2): la sang, la taca. | El senyal de la pèrdua [punt.]

La dona de Lot (p. 473-474)

El poema d'Akhmàtova d'on provenen tots els versos en cursiva i sagnats és 'La dona de Lot', traduït per Monika Zgustová i Maria-Mercè Marçal a Anna Akmàtova, *Rèquiem i altres poemes* (Barcelona: Edicions 62, 1990), p. 89. La versió que l'autora incorpora al seu poema és molt semblant, però no idèntica, a la del volum del 1990 (que en les variants designem *Rèquiem*).

La sagnia dels versos d'Akhmàtova a *Raó* no és uniforme; el segon vers de les citacions que en tenen dos està més sagnat, i també l'últim del poema. Unifiquem les sagnies tal com es presentaven a *Tirant* (on el poema, en lloc de dues parts, en tenia tres).

I, 1-2 *Rèquiem*: I l'home just seguí l'emissari de Déu, | gegantí i resplendent, per la muntanya negra.

I, 17 *Tirant*: la còrnia divina frec a frec dels seu ulls [errata (*seus*)]

II, 4 *Rèquiem*: No és massa tard, encara, encara pots mirar. [punt.]

II, 6 *Tirant*: I el teu cos allà resta, ofert a un déu ignot.

II, 10-11 *Rèquiem*: Un esguard! — I, aglevats per un dolor mortal, | els ulls ja no pogueren, de sobte, mirar més.

II, 14 Abans d'aquest vers (*A l'alba reverbera la història sense història*) a *Tirant* hi ha la indicació que comença la tercera part del poema (III).

II, 19 Obrim nosaltres l'interrogant inicial, i suprimim l'espai blanc que *Raó* afegeix abans del vers següent (a *Tirant* tampoc hi és).

*Furgant per les llivanyes i juntures...* (p. 475)

La iniciativa d'homenatjar Maria Antònia Salvà en el 125è aniversari del seu naixement (1994), impulsada per Maria-Mercè Marçal des del Comitè de Dones del Centre Català del Pen, la resumeix ella mateixa en una carta a Jean-Paul Goujon del 24 de juny del 1996 (*Senyal*, p. 129-133), en què també li envia el seu poema d'homenatge tal com va aparèixer a *Lectures* el març del 1996. El desembre del 1997 el poema va aparèixer, en versió idèntica, en una altra de les publicacions sorgides d'aquell homenatge (*Memòria*, p. 21), amb l'única particularitat que el primer vers (*Furgant per les llivanyes i juntures*) hi feia formalment de títol. Aquell mateix desembre del 1997 en va aparèixer una versió una mica diferent, amb el títol 'Homenatge a M. Antònia Salvà' (*Dones*, p. 118); és la versió que s'acosta més a la de *Raó*, però l'autora no devia corregir-ne les proves, perquè tant a l'epígraf com al primer vers *llivanyes* hi apareix deturpat en *llivanes*, i és versemblant que el *clivella* del v. 8 (en lloc de *clivellar*) també sigui una errata.

tít. *Memòria*: Furgant per les llivanyes i juntures | *Dones*: «Homenatge a M. Antònia Salvà»

ep. Totes les edicions prèvies a *Raó* especifiquen que la citació de Maria Antònia Salvà prové del poema 'D'un cactus'. La coma final que hi pertoca, el primer vers només la porta a *Lectures*; a *Memòria*, *Dones* i *Raó* hi falta per errata. A *Dones* s'hi afegeix un altre error: en lloc de *llivanyes* hi diu *llivanes*.

v. 1 *Dones*: Furgant per les llivanes i juntures [errata]

v. 2 *Lectures*, *Memòria*: d'aquesta paret seca, entre mac [punt.]

v. 3 *Lectures*, *Memòria*: i mac d'oblit, entre les pedres dures [punt.]

v. 5 *Lectures*, *Memòria*: Et sé. I em sé, en el mirall fidel [punt.]

v. 8 *Dones*, *Raó*: clivella pedra de silenci opac [La lliçó de *Lectures* i *Memòria*, que donem per bona perquè fa ple sentit (*em sé clivellar pedra de silenci opac:* 'sé que clivello pedra de silenci opac'), és també la que figura en una còpia manuscrita del poema conservada dins d'un exemplar del volum *El Price dels poetes: 25 anys* (Barcelona: Ajuntament, 1995).

*Dues dones: un pacte...* (p. 476)

tít. *Dones*: «A Renée Vivien» [La dedicatòria hi fa de títol, segurament per caprici tipogràfic.]

v. 6 *Dones*: en el nom i en la carn [punt.]

Vels de ceba o la dansa secreta (p. 477-478)

A *Raó*, acarada amb el poema hi ha la «Reproducció en blanc i negre d'una fotografia de l'exposició "Vestits de ceba" de Toni Vidal (1996)».

tít. *Vestits*: Dansa secreta

*Per cada gest...* (p. 481)

v. 3-4 *Obrir* (1): brutal escampadissa [Variant, i un sol vers en lloc de dos.]

v. 6-7 *Obrir* (1): Vida, excés... hemorràgia. [Punt., i un sol vers en lloc de dos.]

v. 8-9 *Obrir* (1): Imponderable tresor [Un sol vers en lloc de dos.]

v. 9 *Raó*: Imponderable [Comencem amb minúscula. La majúscula devia provenir d'*Obrir*, on el vers anterior acaba amb punt.]

*Res no et serà pres: vindrà tan sols...* (p. 482)

v. 1 *Obrir* (5): Res no et serà pres: | vindrà tan sols [Dos versos.]

v. 2-3 *Obrir* (5): l'hora d'obrir dòcilment la mà [Variant, i un sol vers.]

v. 4-5 *Obrir* (5): i alliberar la memòria de l'aigua [Un sol vers.]

*Morir: potser només...* (p. 483)

A *Senyal* (Dietari, p. 53) hi ha una primera versió del poema, molt acostada a la d'*Obrir* (4) per la distribució dels versos inicials (però el final era més llarg: *matriu de déu | mare, potser | només | desnéixer*).

v. 1-2 *Obrir* (4): Morir: potser | perdre només | forma i contorns [tres versos]

v. 2 *Raó*: perdre forma i contorns [Afegim la coma al final del vers. A *Senyal*, en tot aquest passatge no hi havia cap coma; com que després se n'hi va afegir una entre els dos verbs del v. 3 (*desfer-se, ser*), la del final del v. 2 també es fa necessària.]

v. 7 *Obrir* (4): mare —desnéixer. [punt.]

*Porta entre mar...* (p. 484)

Acarada amb el poema, *Raó* presenta una «Reproducció en blanc i negre d'un gravat de Francesc Estivill de la sèrie "Res no et serà pres" (1998)». En realitat, no es tracta d'un gravat sinó d'un aiguafort, i el títol de la sèrie és *Obrir dòcilment la mà*.

v. 1-2 A *Obrir* (6) aquests dos versos en són un de sol.

v. 4 *Obrir* (6): Exili de l'exili. [La majúscula inicial és arbitrària.]

*Vas dir-me: aquest...* (p. 489)

tít. A *Duoda* el poema no porta dedicatòria però sí un títol: 'Maternitat'; al peu del poema, una nota diu: «Poema inèdit, llegit a la Sala Villarroel el 24 de maig de 1993, en el Festival en pro de la declaració de la violació com a crim de guerra».

A *Dones*, la dedicatòria «A la meva mare» hi fa de títol, probablement per caprici tipogràfic.

v. 2-3 *Dones*: és el meu cos. [El v. 2 acaba amb punt i el v. 3 no hi és.]

v. 4-5 *Duoda*: Pren, menja, beu | vida i mortalla.

v. 5 A *Dones*, per errata, hi falta el punt final.

*T'he negat...* (p. 492), *Però cosides...* (p. 493) i *A la cruïlla...* (p. 494)

A *Senyal* (Dietari, p. 69) hi ha una versió primera, com a poema unitari, d'aquestes tres seccions.

Igualtat (p. 495)

tít. *Obrir* (3): Sense títol.

v. 1-2 *Obrir* (3): Diferents neixen | —de dona— fills i filles. [punt.]

Festival de Poesia Catalana (p. 507)

A *Raó*, el poema va precedit d'una reproducció de *Röntgenaufnahme des Schädels M. O.*, de Meret Oppenheim, i d'un text que, segons diu Lluïsa Julià a la nota a l'edició, va ser redactat per l'autora el mateix mes en què el poema està datat (desembre del 1995); aquesta datació contrasta amb el fet que l'acte *El Price dels poetes. 25 anys* s'havia celebrat al Palau de la Música Catalana nou mesos abans, el 26 d'abril del 1995. Transcrivim el text que dóna *Raó*, corregint-hi només la grafia del cognom Oppenheim (que hi apareix amb ena final) i la data de l'obra *Radiografia del crani de M. O.*, que és del 1964 (però *Raó* dóna la data de 1960):

> Aquest és un poema que té un doble origen: d'una banda, el contagi d'una certa moda recent de relacionar la poesia amb la ciència. I de l'altra, l'impacte que em va produir —i encara em dura— una obra de la surrealista Meret Oppenheim titulada *Radiografia del crani de M. O.* (1964) que fa uns anys es va poder veure a la Virreina: es tracta simplement d'una radiografia del seu propi

cap, contra la qual es veu impresa l'ombra en cèrcol d'una gran arracada negra.

El meu poema va més endins, encara. Va fins al codi genètic. M'imagino que tothom coneix els famosos cromosomes *x y* i les seves possibles combinacions responsables del difícil, i potser feliç, dimorfisme sexual de l'espècie humana: la petita diferència i les seves grans conseqüències.

Voldria que fos art efímer: que es pogués llençar demà passat mateix.

# ÍNDEXS

## ÍNDEX DE LLIBRES, PARTS I SECCIONS

## *Índex de llibres, parts i seccions*

# ÍNDEX ALFABÈTIC DE TÍTOLS DE POEMES

ÍNDEX ALFABÈTIC DE PRIMERS VERSOS

## *Índex alfabètic de primers versos*

# ÍNDEX GENERAL

III. FREGALL D'ESPART



IV. CANÇONS DE PAPER FI



BRUIXA DE DOL (1977-1979)

BRUIXA DE DOL

## SAL OBERTA

III. HEURA

Baula



L'hort foscant de l'atzar



Cançons de l'enforcall



Sal oberta



IV. RAVAL D'AMOR: VARIACIONS SOBRE UNA MATEIXA ONADA



ESCARSERS (1980-1982)

*Índex general*

LA GERMANA, L'ESTRANGERA (1981-1984)

TERRA DE MAI



LA GERMANA, L'ESTRANGERA

I. En el desig cicatritzat i en l'ombra



II. Sang presa

DESGLAÇ (1984-1988)



DADDY



OMBRA DE PRESA

CONTRABAN DE LLUM

## II. POESIA PÒSTUMA

### RAÓ DEL COS

ÍNDEXS

AQUESTA EDICIÓ DE LA POESIA
COMPLETA DE MARIA-MERCÈ MARÇAL
HA QUEDAT ENLLESTIDA, A BARCELONA,
A LES PRIMERIES DE MARÇ
DEL 2017

## OBRES DE MARIA-MERCÈ MARÇAL

(Referències bibliogràfiques de les primeres edicions)

### POESIA

*Cau de llunes* (Barcelona: Proa, 1977)
*Bruixa de dol* (Sant Boi de Llobregat: Edicions del Mall, 1979)
*Sal oberta* (Sant Boi de Llobregat: Edicions del Mall, 1982)
*Terra de Mai* (València: El Cingle, 1982)
*La germana, l'estrangera* (Sant Boi de Llobregat: Edicions del Mall, 1985)
*Llengua abolida (1973-1988)* (València: Eliseu Climent, 1989)
*Desglaç* (Barcelona: Edicions 62-Empúries, 1997)
*Raó del cos.* A cura de Lluïsa Julià (Barcelona: Edicions 62-Empúries, 2000)

### NOVEL·LA

*La passió segons Renée Vivien* (Barcelona: Columna, 1994)

### NARRATIVA BREU (EN VOLUMS MISCEL·LANIS)

*Viratges, reminiscències,* dins *Barceldones* (Barcelona: Edicions de l'Eixample, 1990)
*Jocs de màscares,* dins *Dones soles: Catorze contes* (Barcelona: Planeta, 1995)

### PROSES

*Sota el signe del drac: Proses 1985-1997.* A cura de Mercè Ibarz (Barcelona: Proa, 2004)
*El senyal de la pèrdua: Escrits inèdits dels últims anys* (Barcelona: Empúries, 2014)

LITERATURA INFANTIL

*La disputa de Fra Anselm amb l'ase ronyós de la cua tallada.* Adaptació d'Anselm Turmeda coescrita amb Glòria Puig. Il·lustracions de Montse Ginesta (Barcelona: Aliorna, 1986)

*Uf, quin dissabte, rateta Arbequina!* Il·lustracions de Magda Marçal (Barcelona: Estrella Polar, 2012)

TRADUCCIONS EN VERS (AMB MONIKA ZGUSTOVÁ)

Anna Akhmàtova, *Rèquiem i altres poemes* (Barcelona: Edicions 62, 1990)

Marina Tsvetàieva, *Poema de la fi* (Barcelona: Edicions 62, 1992)

TRADUCCIONS EN PROSA

Colette, *La dona amagada* (Sant Boi de Llobregat: Edicions del Mall, 1985)

Marguerite Yourcenar, *El tret de gràcia* (Barcelona: Edicions B, 1990)

Leonor Fini, *L'Oneiropompe* (Barcelona: Edicions de l'Eixample, 1992)